酒店服务与管理专业基于工作过程系统化系列教材

编委会

Hotel Information Management

酒店信息管理

主编　谭文焯

暨南大學出版社
JINAN UNIVERSITY PRESS

中国·广州

图书在版编目（CIP）数据

酒店信息管理/谭文焯主编．—广州：暨南大学出版社，2014.5
（酒店服务与管理专业基于工作过程系统化系列教材）
ISBN 978－7－5668－0963－6

Ⅰ.①酒…　Ⅱ.①谭…　Ⅲ.①饭店—商业企业管理—管理信息系统—技术培训—教材
Ⅳ.①F719.2－39

中国版本图书馆 CIP 数据核字（2014）第 054609 号

出版发行：暨南大学出版社

地　址：中国广州暨南大学
电　话：总编室（8620）85221601
营销部（8620）85225284　85228291　85228292（邮购）
传　真：（8620）85221583（办公室）　85223774（营销部）
邮　编：510630
网　址：http：//www.jnupress.com　http：//press.jnu.edu.cn

排　版：广州市天河星辰文化发展部照排中心
印　刷：广东广州日报传媒股份有限公司印务分公司

开　本：787mm×1092mm　1/16
印　张：8.5
字　数：207 千
版　次：2014 年 5 月第 1 版
印　次：2014 年 5 月第 1 次

定　价：22.00 元

总序

为了培养具备综合职业能力的高技能酒店服务与管理人才，编者以“工学结合”为指导思想，引入国外先进职教理念，深入广州地区酒店行业及企业实地考察、访谈和调研，以酒店岗位从业人员的实际工作任务为主线，依托校企合作，共同对酒店服务与管理人才培养模式、培养目标、职业能力和课程设置进行分析及定位，以典型工作任务为载体，根据典型工作任务和工作过程设计学习情境，按照工作过程的顺序和学生自主学习的要求进行教材内容的编写，创新并开发了酒店服务与管理专业基于工作过程系统化系列教材。本系列教材共12本，分别是：《餐厅服务》、《客房清洁》、《楼层接待服务》、《前厅服务》、《菜肴与酒水推销》、《酒吧服务》、《酒店英语》、《酒店服务心理》、《酒店服务礼仪》、《酒店信息管理》、《餐厅技能训练》、《客房技能训练》。

本系列教材由一批学术水平高、教学经验丰富、课程开发能力强的酒店专业教师与企业骨干共同开发而成。在教材组织编写工作中，我们坚持以下原则：

一是从职业岗位群分析入手，根据酒店对服务人员的要求和相关的国家职业标准，科学确定教材内容，使教材具有贴近酒店一线从业人员岗位实际工作要求的鲜明特色。

二是根据中等职业技术院校酒店服务与管理专业的教学特点，合理编排教材内容，并以工作情境为切入点，采用任务驱动的编写思路，使教材具有适应教学和易于学习的鲜明特色。

三是注重将酒店企业的新理念、新方法及综合职业能力要求编入教材，使教材具有与行业发展同步的鲜明特色，不仅适用于酒店服务与管理专业的教学，也适用于酒店行业、企业员工的职业培训。

上述教材的编写得到了广州首旅建国酒店有限公司、广州市嘉逸国际酒店有限公司、广东大厦等校企合作企业的大力支持，教材的编审人员做了大量的工作，在此表示衷心的感谢。同时，恳切希望广大读者对教材提出宝贵的意见和建议，以便修订时加以完善。

编委会

2014 年 3 月

前言

随着信息技术的发展，现代酒店的日常运营和管理都需要借助信息技术来完成，各级管理人员和服务人员也需要通过酒店信息系统来准确快速地了解酒店的运转情况，进而采取相应措施进行工作调整。因此，我们认为中等职业技术学校要培养“以全面素质为基础，以能力为本位”的能够胜任酒店基础工作岗位的管理和服务人才，也应该注重对学生进行酒店信息技术知识和能力的培养，并把这类课程作为专业拓展课程，使他们能够快速地适应未来工作的需要。

为了提高学生的实际操作能力和满足其职业发展的需要，本教材设计了“金锁匙酒店管理系统”和“食为天餐饮管理系统”两部分内容，并采取了任务驱动式的教材设计结构，通过具体的工作任务的形式引领学生轻松愉快地学习，使学生在完成任务的过程中能够自然地融入到酒店服务与管理的情境之中，更真实地感受酒店前厅和餐饮部门的实际操作过程，从而大大提高学习的效率。

本书在编写的过程中得到了广州市黑马软件科技有限公司的大力支持和帮助，并提供了先进的酒店管理系统和设备。暨南大学出版社的编辑为教材的出版付出了很多心血，在此一并表示衷心的感谢。

本书可作为中等职业学校酒店服务与管理及相关专业的教材，也可作为服务行业的培训教材、自学用书和参考用书。

由于编者水平有限，书中难免有不妥与疏漏之处，恳请读者不吝赐教，并加以指正。

编　者

2014 年 3 月

Contents
目录

Contents

目录

学习情境一　金锁匙酒店管理系统

第一单元　前台预订服务

●学习目标

1. 能够利用金锁匙酒店管理系统完成散客的预订工作；
2. 能够利用金锁匙酒店管理系统完成团队的预订工作；
3. 能够利用金锁匙酒店管理系统完成预订修改工作。

学习任务一　散客预订

任务引入

李宁是某公司业务员，预计 3 月 1 日到广州出差，在酒店住宿一晚。2 月 15 日他打电话到酒店预订一个单人房。但在 2 月 18 日，公司增派一名业务员随同李宁一同出差，李宁打电话给酒店，将原来的单人房改成标准间。

任务分析

1. 2 月 15 日，李宁打电话到酒店，要求预订一间单人房，3 月 1 日住一天。
2. 2 月 18 日，李宁将原来预订的单人房更改为标准间。

知识链接

预订的种类

1．临时预订

临时预订是指客人在即将抵达酒店前很短时间内或在到达当天联系订房。时间短而无法以确认书的形式向客人承诺预留客房，可以采用口头确认为客人服务。

2．确认类预订

确认类预订通常指以书面形式确认过的预订。当客人的订房要求与实际入住时间相差较长，通常要发确认函，进行书面确认。对于持有确认函来店的客人，可以认为其具有较高的信用等级。

3．保证类预订

保证类预订指客人保证前来住宿，否则将承担经济责任，酒店则在任何情况下都应保证预订的落实。

完成任务

散客预订是指个别的零散客人、长住客人和成批的零散客人来酒店预订的情况。

登录金锁匙系统后，可以看到如下图所示的预订界面。

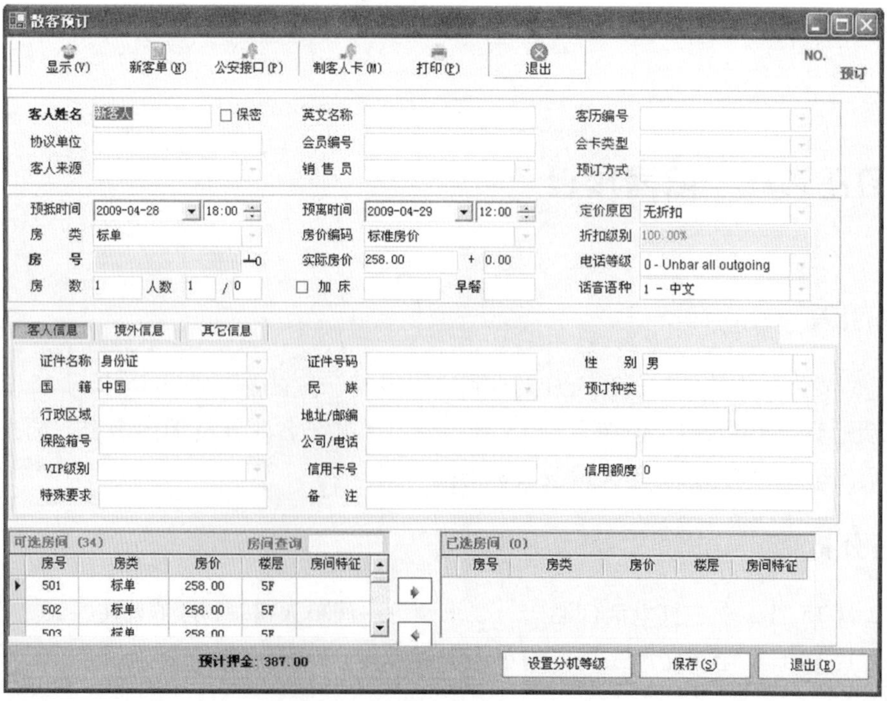

（1）加粗显示的条目为必录项，其他项可视酒店的需求录入。

（2）预订单里的部分特别项说明如下：

预订种类：必须按预订单实际情况选择“确认性预订”、“保证性预订”或“临时性预订”。确认性预订将影响远期房态图的可售房数量，普通预订则不影响。

关于房价：选取某房价代码（房价代码在基本设置中增加），对应此房类的实际房价就会自动填入。

如果客人是已签协议的协议单位的客人，则在“协议单位”一栏填入相应的协议编号或协议单位名称，协议中定义的房价就会自动填入。协议单位房价在“营销管理\协议单位管理\房价条款”中进行设置。

同样，如果此客人为会员，在“会员编号”处录入编号，则会调出会员相关资料及会员折扣。会员折扣在“会员管理\卡型折扣”中设置。

定价原因：默认是无折扣，当要录入折扣时，需要选择一种定价原因，才能进行录入，正常应选择“操作员折扣”或“经理折扣”，选择“操作员折扣”时，会检测录入的折扣有没有超过参数设置中所设定的“操作员折扣限额”，选择“经理折扣”时，则不检测。需要说明的是“会员折扣”和“协议折扣”是调入协议单位客人和会员客人的时候默认填入的。

实际房价：包括房价和附加费，其中附加费需要在［基本信息→房价编码］中进行设置，可设置固定或按比例收取。

加床：勾选加床后，可针对房间设置加床，手工录入加床费用，夜核时会自动计入加床费用。

（3）功能按钮：

隐藏、显示：左侧的列表显示与当前接待单有关联的客单，单击“隐藏、显示”按钮，可以关闭或重新显示此列表。

新客单：在当前接待单已保存的前提下，点击“新客单”按钮，可以开始下一个接待单的录入。

复制：对于相似的预订单，我们可以用复制的方法来快速建立，然后再修改不同的项目。例如对于同住客人，可以新建一个预订单，然后复制一份，视情况修改不同的项目就可以了。

公安接口：从公安系统带的二代身份证读卡器读取信息，并填入预订、接待界面。

制客人卡：制门卡（该功能为订制功能）。

学习任务二　团队预订

任务引入

酒店前台值班员李明4月1日接到团队预订：茂安旅行社导游张茜接待某公司会议团体，要在4月10日下榻酒店，这个会议团共20人，需要普通标准间10个，并要求住得尽可能近一些，便于成员之间交流沟通。双方协议以八折来结算房租。

任务分析

1. 4月1日，茂安旅行社导游张茜为会议团体预订4月10日入住、11日离开的10个标准间。

2. 添加茂安旅行社为协议客户，房租以八折进行结算。

知识链接

1. 团体预订用于旅行团、会议团等有组织的成批客人预订，团体可能存在不同房类、不同抵店离店日期的情况。一般团体种类有会议团、旅行团、博览会、展览会团或政府团体等。

2. 团体业务是一个巨大的市场，各种团队为酒店提供稳定的业务量，而且一般团队客人在酒店的花费也较大，从而为酒店带来较大的利益，当然团队订房通常有较大的房价折扣。

完成任务

1. 排房

（1）团体不同于散客，会存在多种房类、分批抵店或离店的情况，因此需要对团体进行排房操作。根据不同房类、不同抵店时间、不同离店时间，建立多个批次来分批排房。

（2）排房也就是根据批次的条件，过滤出酒店在这个条件下可供预订的房间，然后选择。一般酒店可在客人抵店前排好房间，以便团体到达后的接待工作更快速。选择一个批次信息，点击“团体排房”，进入“选房界面”，可点击“自动排房”，系统会按批次中定义的数量自动选择房间，或手工选择房间。按“确定”完成选房并退出。

（3）可增加相同时段相同房类的批次，来满足一天内分多批抵店的会议团入住需求。

（4）协议单位团体可限制预订提前天数和预订房数，增加批次信息时，如果时间和房数超限，保存时会有相关提示。

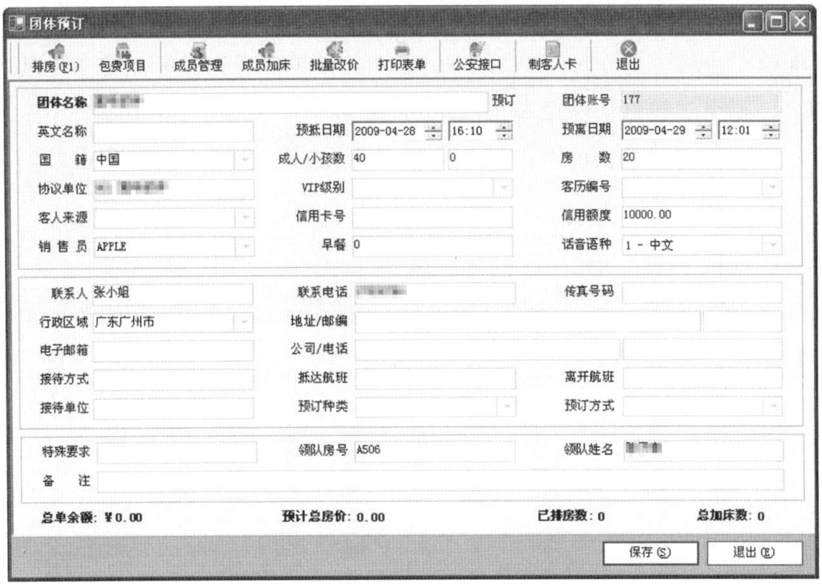

2. 包费项目

团体成员的消费，如果有些项目是团体负责的，可使用团体包费功能。点击“增加”，选择包费的项目，开始日期和结束日期是指在这个时段内的包费指令才有效。保存后，夜核时会自动执行包费指令，将团员账户上生成的包费项目转到团体的主账上。

也可通过点击“执行”按钮，手工执行包费指令。

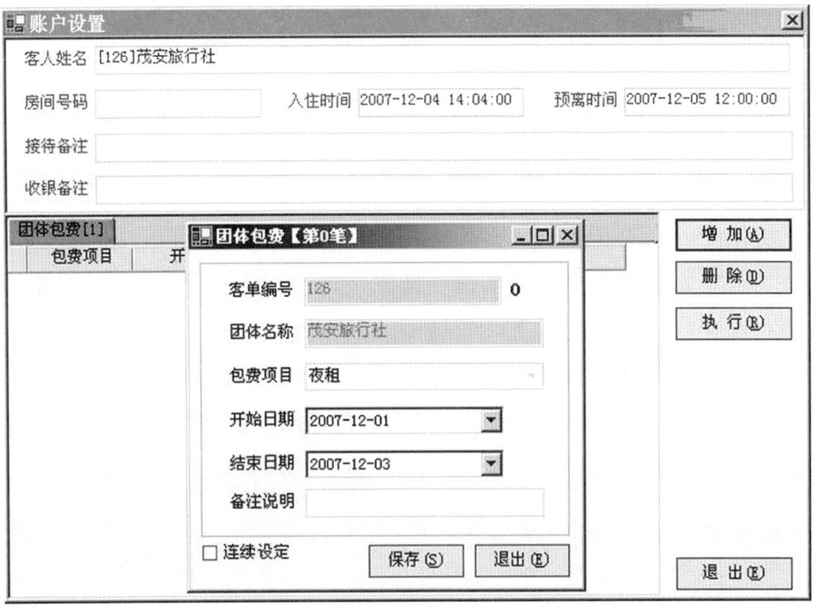

3. 成员管理

在团体排房完成后，会在团员明细中生成对应房号的团员客单记录，这些记录的主要作用是用来记录每个房间每个客单各自的消费。

如果需要增加团员记录，可点击“增加团员”按钮，“修改团员”可对团员资料进行修改。

房号	客人姓名	账号	性别	VIP	国籍	证件号码	房类	每天房价	折扣率	加床	加床价	抵店日期
8403	新团体1_1	2365	男		中国		标间	￥80.00	67%	×	￥0.00	10-11-18 22:37
8408	新团体1_2	2366	男		中国		标间	￥80.00	67%	×	￥0.00	10-11-18 22:37
8413	新团体1_3	2367	男		中国		标间	￥80.00	67%	×	￥0.00	10-11-18 22:37
8512	新团体1_4	2368	男		中国		单间	￥70.00	59%	×	￥0.00	10-11-18 22:37
8810	新团体1_5	2369	男		中国		豪华标	￥111.00	66%	×	￥0.00	10-11-18 22:37
8910	新团体1_6	2370	男		中国		豪华标	￥111.00	66%	×	￥0.00	10-11-18 22:37
8410	新团体1_7	2371	男		中国		豪华标	￥111.00	66%	×	￥0.00	10-11-18 22:56

4. 协议单位管理

（1）单位资料。在此定义协议单位的基本信息，可视需要录入。这里着重说明一些比较重要的项。

销售员：如果该协议单位与销售员业绩挂勾，则需要在“销售员”处录入下拉选择相应销售员。以后该协议单位入住的客单，所有消费将计入此销售员的业绩。

合同期起、止：按签订的合同有效期录入的协议单位，将自动转为“合同到期单位”。在做预订及接待单时，会有相应提示。

允许挂账：可定义此协议单位是否接受挂账，勾选则代表允许挂账到此单位。

挂账限额：在允许挂账的前提下，对挂账的额度进行限制。当挂账到此单位的额度累计超过定义的数值，挂账时会有相应提示。

扫描签名：可将扫描出的数字签名图片导入到此处，在操作挂账时，可调出此数字签名进行核实。点击“扫描签名”字样，指定相应的数字签名图片；在显示区域点击右键可删除图片。

（2）协议房价。此处用于定义与协议单位签订的房价。

点击“新增房价”条款即可增加。选择相应的房类，分别录入散客房价和团体房价。当预订或接待时，选择该协议单位，会按散客或团体调入相应的房价。

如果有涉及佣金返还，则在“房晚佣金”或“比例佣金”处录入数值，然后选择一种计佣方式。默认为“不计佣金”。

一个协议单位可按不同的房类，增加多条房价条款记录。

（3）房价条款。协议单位是酒店一项稳定的收入来源。一般根据不同的协议性质，酒店会安排不同的房价。

在房价条款中就可针对每一个协议单位设定每一种房类在合同有效期内的价格，分

“散客价”和“团体价”，分别针对散客接待和团体接待会收取不同的价格。“散客价”或“团体价”任何一项都不能缺少或为零，否则在录入接待时，房价会取不到任何价格。

一旦超过合同有效期，系统将会不再启用协议单位房价。这个时候，酒店需要和协议单位续签合同，同时在系统中更改合同有效期。

在房价条款中可设置佣金计算方式，选择相应房价编码，对应会按设置计算佣金并生成报表。

单元实训　团队接待

情景描述

本情景中，学生扮演前台接待员，以编号“A01”进行登录。4 月 1 日上午，“A01”接到茂安旅行社工作人员打来的电话，说准备预订 6 个标准间，接待一个 12 人的旅游团 QG－1，入住时间是 4 月 10 日，离开时间是 4 月 13 日。经过查询，可以满足他们的要求，“A01”为该旅行社办理了预订手续。但在下午的时候，“A01”又接到茂安旅行社的电话，由于客人缩短了在本地的停留时间，原来预订的离开时间要提前，4 月 12 日该团队就要离开，“A01”为该预订进行了相关的修改。

实训要求

1. 快速登录金锁匙酒店管理信息系统。
2. 运用酒店管理信息系统为该团队办理预订手续。
3. 在酒店信息管理系统中更改该团队的预订信息。

综合评价

评价项目	评价标准	个人评价	相互评价	教师评价
操作方法	正确启动金锁匙管理系统			
	登录系统			
	正确运用各种功能键			
操作过程	团队预订操作准确			
	更改团队预订操作准确			
操作速度	完成预订操作的工作效率			
个人感悟				

A. 优　B. 良　C. 一般　D. 有待进步

第二单元　前台接待服务

●学习目标

1. 能够利用金锁匙酒店管理系统完成预订客人的入住工作；
2. 能够利用金锁匙酒店管理系统完成客人的换房和延住工作；
3. 能够利用金锁匙酒店管理系统完成在店客人查询、留言等服务工作。

学习任务一　入住

任务引入

3 月 1 日，李宁和同事来到酒店，前台人员按客人预订，办理入住登记手续。

4 月 10 日，茂安旅行社的导游张茜接待会议团，随后带领该团队成员来到酒店。张茜来到前台，前台人员为该团办理入住登记。

4 月 10 日，一位中年男士陈刚来到酒店，要求办理会员，并要求入住一个普通标准间。

任务分析

1. 3 月 1 日，前台人员为李宁及其同事办理预订入住手续，房间号为 3301。

2. 4 月 9 日，前台人员为会议团队预先排房。

3. 4 月 10 日，会议团抵店，前台人员在导游张茜的要求下，为该团办理入住登记，房间号为预先排好的房间。

4. 4 月 10 日，陈刚来到前台办理酒店会员，前台人员通过查询房态为陈先生办理入住登记。

知识链接

1. 排房的顺序

客房分配应按一定的顺序进行，优先安排贵宾和团体客人，通常可按下列顺序进行：

（1）团体客人。

（2）重要客户（VIP）。

（3）已付订金等保证类预订客户。

（4）要求延期的客户。

（5）普通预订客户，并有准确航班号或抵达时间。

（6）常客。

（7）无预订的散客。

2. 排房的艺术

（1）要尽量使团体客户（或会议客户）住在同一楼层或相近的楼层。

（2）对于残疾、年老、带小孩的客户，尽量安排在离服务台和电梯较近的房间。

（3）把内宾和外宾分别安排在不同的楼层。

（4）对于常客和有特殊要求的客户予以照顾。

（5）不要把敌对国家的客户安排在同一楼层或较近的房间。

（6）要注意房号的忌讳。

3. 关于房态的解释

（1）VC：空净房。

（2）VD：空脏房。

（3）OC：被占用的净房。

（4）OD：被占用的脏房。

（5）OOO：维修房。

（6）OOS：停用房。

完成任务

1. 实时房态

前台房态图主要定义为前台接待所用，侧重于显示客房的入住情况。

（1）如下图所示，每个方块图标对应表示一间客房，图中显示的是系统默认的模板，用户也可以根据自己的喜好，进入“房态盘\房态设置”中自己定义偏好的颜色及想要在房间图标上显示的信息。

（2）房态图最底部的查询区可以用建筑、楼层、房类、房态来筛选要显示的客房，也可分类排列房间。

（3）在选定的空房图标上点击鼠标右键，可进行散客步入和团体步入操作；在选定的在住房图标上点击鼠标右键，则可以进行结账退房、记账、换房、调价等相关操作。

（4）点击[按钮图标]按钮，在弹出的窗口中双击标识图标，可以过滤出相应的房间如下图所示。

（5）点击“房类信息”按钮，可以查看当前所有房类的可用及情况，也可隐藏。

（6）在“房号查询”处录入所要查询的房间号，点击“查询”按钮或回车，可定位到该房间，被查询的房间会闪烁显示。同时也支持在房号查询处录入客人姓名来查询。

（7）在“房态图（管家）”的空净房上点击右键，可设置“免费房”及“自用房”，“免费房”和“自用房”显示为在住状态，在接待同收银管理中也会有相应记录，跟一般的在住账户无异，要以计入消费或付款记录，同样也需要结账退房。跟一般在住账户相比较，它们的区别只在于夜核时，“免费房”跟“自用房”不会有任何房租生成。所以当开“免费房”或“自用房”时，只需要在房态上设置，然后在接待管理中更改客户姓名就可以了。

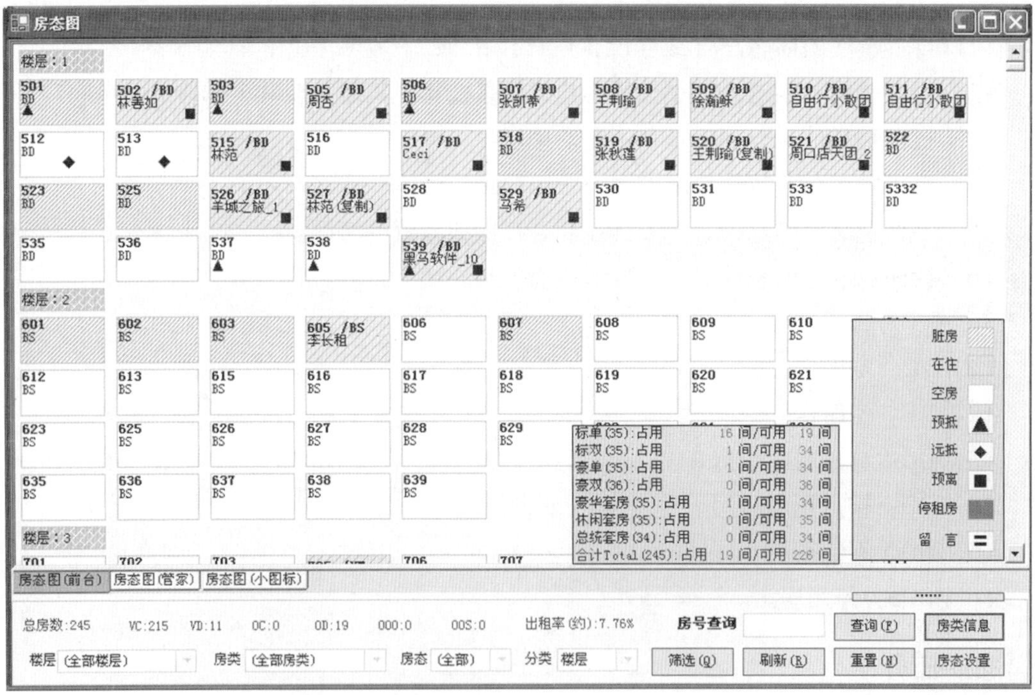

（8）点击房态图右下角的“房态设置”按钮，会显示当前各类房间的占用数及可用数。占用数中包含维修房和停用房。

2. 散客接待

接待系统的主要功能是完成直接到店入住的散客、团体的登记，包括填写入住登记表、分配房间、确定房价，并对在住客户提供换房、调价等日常服务。

（1）加粗显示的条目为必录项，其他项可视酒店的需求录入。

（2）接待单里的部分特别项说明如下：

关于房价：一般选取确定的房价代码（房价代码在基本设置中增加），对应此房类的实际房价就会自动填入。

如果客人是已签协议的协议单位的客人，则在“协议单位”一栏填入相应的协议编号或协议单位名称，协议中定义的房价就会自动填入。本系统中协议单位房价在“营销管理\协议单位管理\房价条款”中进行设置。

同样，如果此客人为会员，在“会员编号”处录入编号，则会调出会员相关资料及会员折扣。本系统中会员折扣在“会员管理\卡型折扣”中设置。

定价原因：默认是无折扣，当要录入折扣时，需要选择一种定价原因，才能进行录入，正常应选择“操作员折扣”或“经理折扣”。选择“操作员折扣”时，会检测录入的折扣有没有超过参数设置中所设定的“操作员折扣限额”；选择“经理折扣”时，则不检测。需要说明的是“会员折扣”和“协议折扣”是调入协议单位客人和会员客人的时候默认填入的。

实际房价：包括房价和附加费，其中附加费需要在“基本信息\房价编码”中进行设置，可设置固定或按比例收取。

加床：勾选加床后，可针对房间设置加床，手工录入加床费用，夜核时会自动计入加床费用。

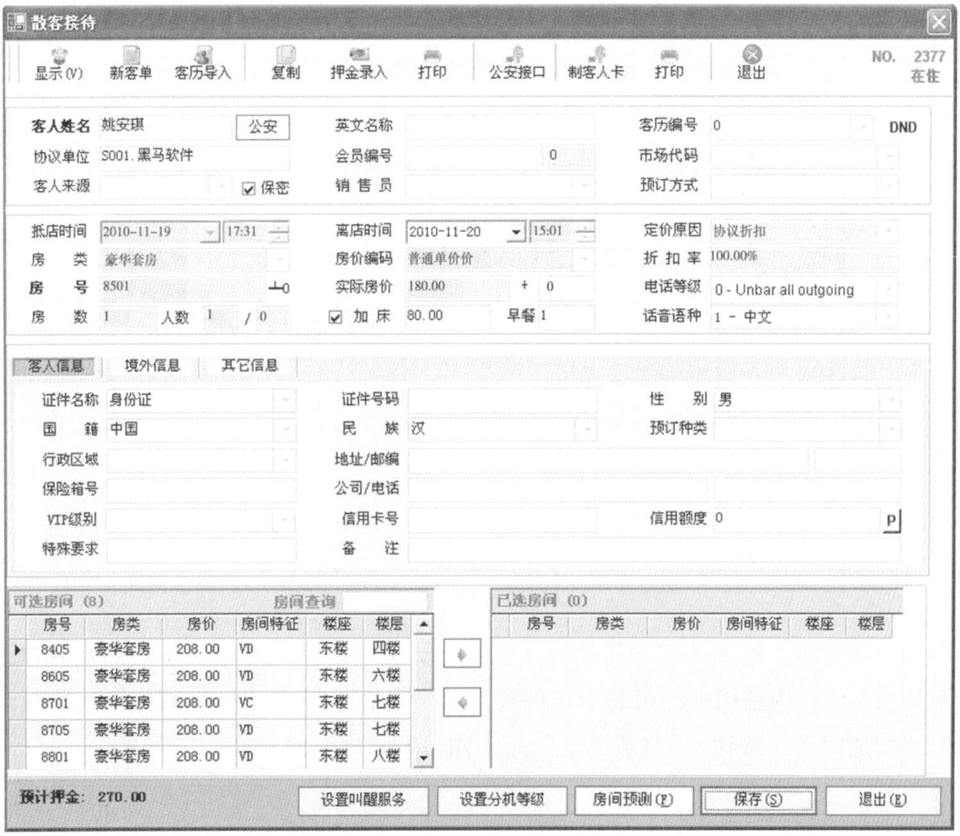

3. 团体接待

（1）排房。团体不同于散客，会存在多种房类、分批抵店或离店的情况，因此需要对团体进行排房操作。

（2）操作步骤。团体排房提供了两种操作方式：自动排房和手动排房。

自动排房是用于确定好团体预订的房类和预离时间，先按条件增加好批次，如：

豪华标间 2 间/2013 –4 –10 抵店

豪华标间 1 间/2013 –4 –10 抵店

单　间 3 间/2013 –4 –10 抵店

先增加好如上三个批次，然后分别选择这三个批次，点击“自动排房”，系统将按批次中定义的信息，自动生成相应的客单记录。排房后的批次，可通过“修改批次”来更改房数、折扣或房价。保存时勾选“同步更新团员房价”，即可将已经生成的成员房价同步更新。

手动排房是将所有可选房间（不分房类）列出，直接选择房间，确认后，系统自动生成客单，并按所选房间生成相应的批次记录。生成的批次记录同自动排房中所讲述的一样，可以进行修改。

（3）包费项目。可通过点击“执行”按钮，手工执行包费指令。如下图所示：

（4）成员管理。在团体排房完成后，会在团员明细中生成对应房号的团员客单记录，这些记录的主要作用是用来记录每个房间每个客单各自的消费。如果需要增加团员记录，可点击“增加团员”按钮，“修改团员”可对团员资料进行修改。

（5）成员模板。在此录入所有人员相同的基本资料，勾选“更改到现有成员”，点击“保存”，可将资料更新到已生成的成员信息中。注意必须勾选“更新到现有成员”，保存后会将更改的内容更新到团体下所有已经生成的团员客单上。

（6）预订入住。当团体预订单部分转为入住后，在成员管理界面右上角，勾选“预订”，可显示此团体下未入住的客单，可以批量选择这些预订客单，转为入住状态。

成员出团：用于将单个团员转为散客记录，转为散客后，将解决该团员与团体的关联关系，成为一个独立的散客。

成员加床：单独对单个成员客单进行加床，选择要加床的客单，在“加床费”处录入单价。夜核时会自动计入加床消费项目。另外有批量加床的功能，可一次性对多个成员客单进行加床，后面会讲到。

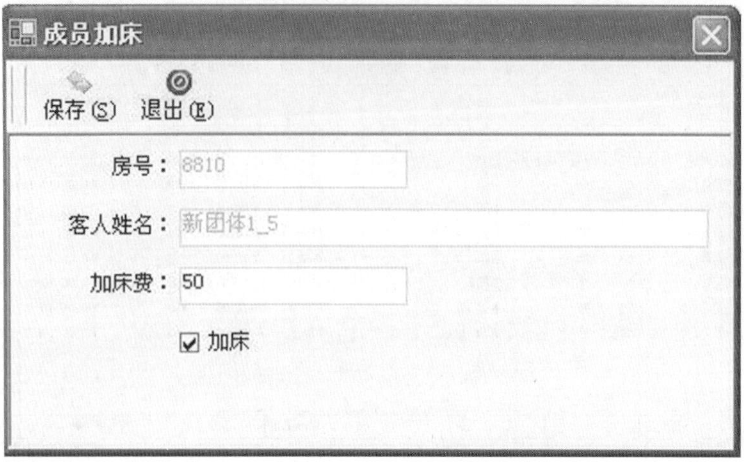

团体加床：同上述“成品加床”一样是对客单进行加床操作，不同的是可以批量对多个客单进行加床操作。如下图，勾选需要加床的客单，在“加床合计”处录入加床的价格，点击“批量改价”按钮，会将所选客单统一加床。如果之前已经对单个客单进行加床，在团体加床界面勾选此客单，将以当前加床价格更新之前所设置的价格。已经经过夜核生成的加床费不会变更，未有经过夜核生成的加床费将以更新后所设置的价格生成。

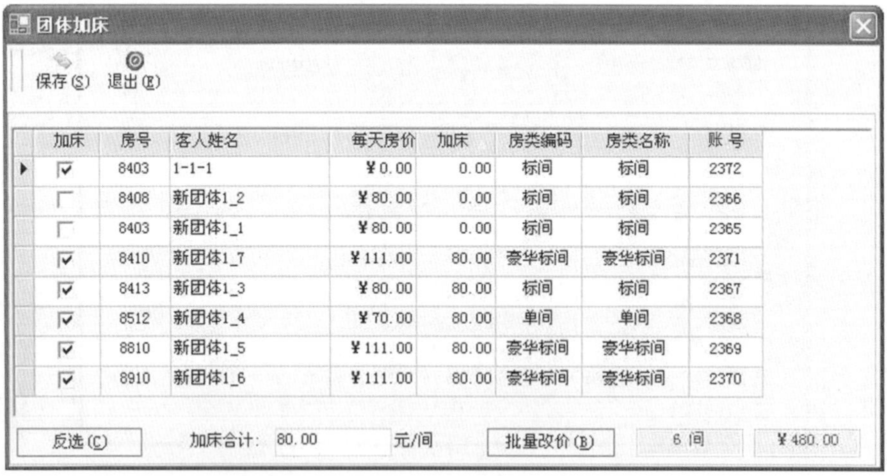

（7）VIP 会员管理。积分返还，在此定义会员，以及查询会员的积分及消费情况，还有返还方式及每种方式需扣减的积分。

必须先定义积分返还方式。如下图所示，在左侧功能区域中点击“积分返还”，进入积分返还界面后，点击“定义返还方式”即可。

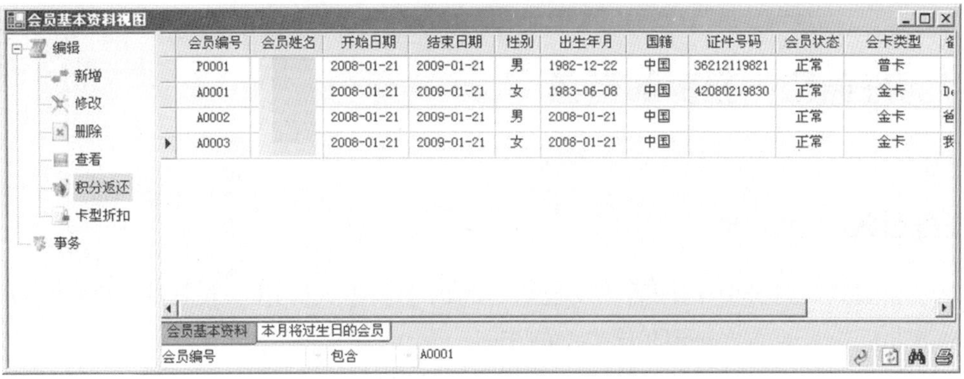

当某会员需要使用积分兑换礼品时，就需要用“积分返还”功能。如下图所示，在左侧功能区域中点击“积分返还”，进入“积分返还”界面。

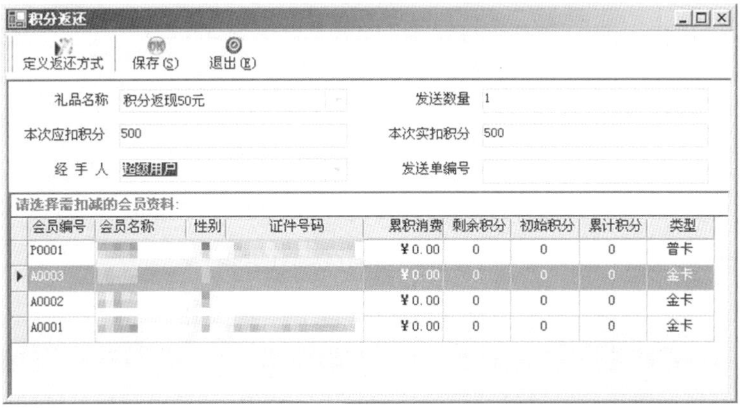

在会员列表中选择一条会员记录，在“礼品名称”处选择要兑换的礼品，“本次应扣积分”会默认显示该礼品定义的应扣积分值，如下图所示，保存后相应的积分会从会员累计积分中扣除。

会员列表中可查看所有会员的积分情况。

学习任务二　换房和延住

任务引入

李宁和同事来到3301房间后，发现该房间的空调不太好用，于是要求更换房间，前台接到通知后，为他们更换到相同类型的房间。

李宁为和一位重要客户洽谈，耽误了当天的航班时间，他们只好在酒店多住一天，第二天再返回，于是到前台办理延住手续。

任务分析

1. 前台人员在李宁的要求下，将原来的3301更换为3302。
2. 因为李宁和同事要在酒店多住一天，前台人员为他们办理延住手续。

完成任务

1. 接待管理

主要用于查询在住客人信息，并集成了部分接待的操作。

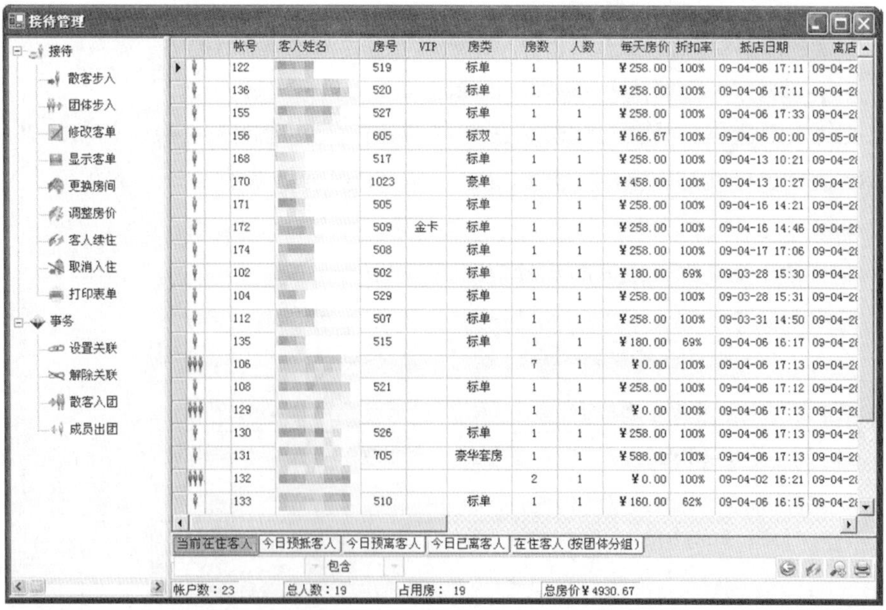

2. 修改客单、显示客单

（1）修改客单：通常为步入客户办理入住登记手续时，为了加速登记过程，当时只填写客人姓名、房号等基本的必须资料，尽快完成入住手续。待客人入住后，再回头补充输入客人的完整资料。此时，需要利用修改客单的功能填入其他补充资料。灰显的项目是保存之后不允许修改的项目。

（2）显示客单：用于打开查看某一个客单，不可保存修改结果。

（3）更换房间、调整房价：客人可能由于个人喜好（例如偏好某房间）或酒店原因（例如客房需要维修）要求换房。换房调价功能实现为客人办理换房并调整房价的手续。换房有换入一个新房间和加入一个已有客人在住的房间两种情况。后者换房后会自动同原在入住客人设置为同住关联。

进入换房界面后，选在右边的列表中选中要换房的客单，然后在新房间处选择要更换到的房间，点击左上角的“换房调价”按钮就完成了换房操作。

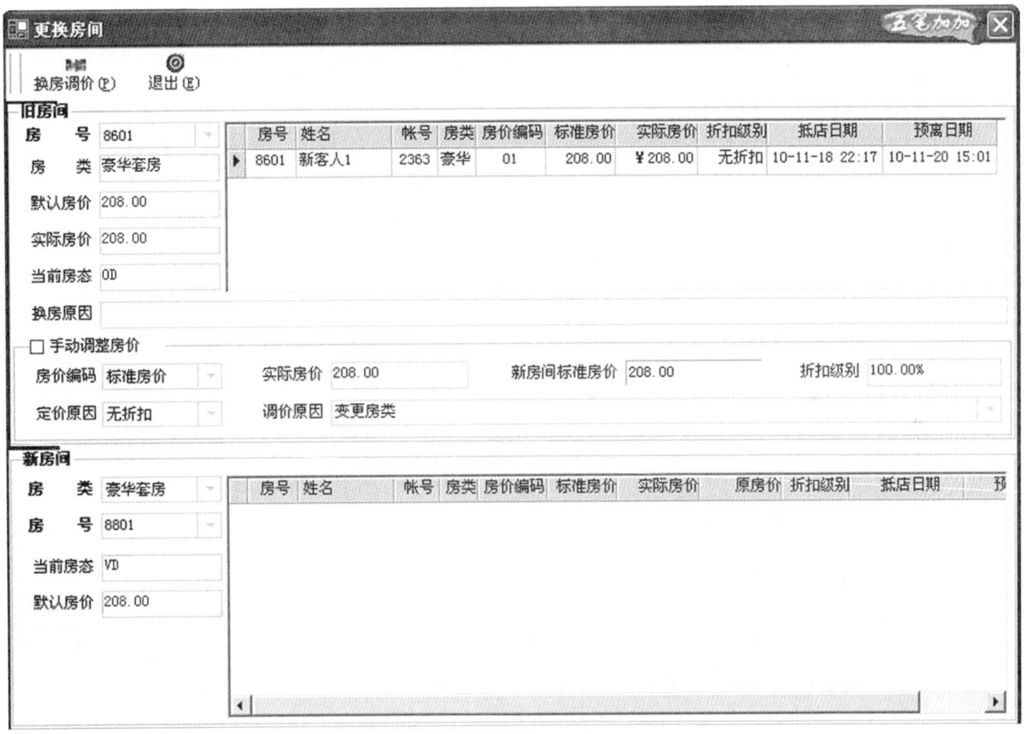

有些客人在入住时是有折扣的，所以换房后，新房间也需要打折，在“折扣级别”处录入相应折扣即可，如下图所示。

调整房价后，当日夜核时，将以调整后的新房价过夜租。

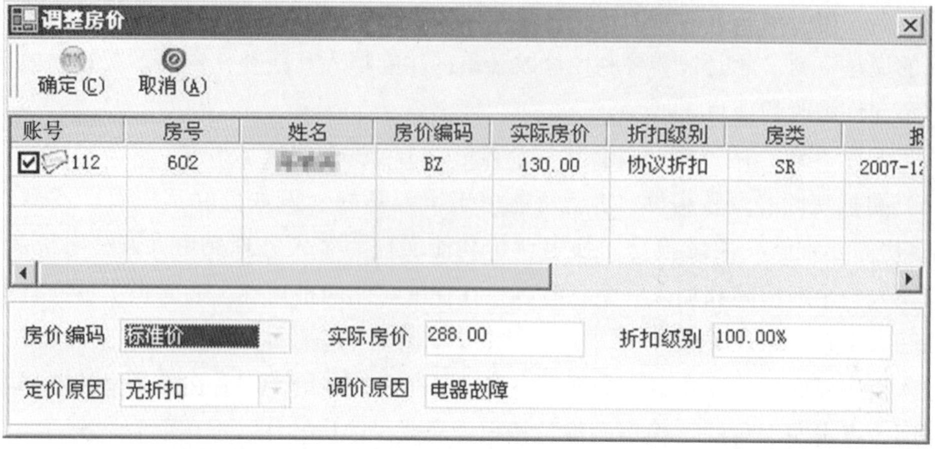

（4）客人续住：当客人需要延期退房时，需办理续住手续。在“接待管理”中选中需要续住的客人，点击左侧功能区域的“客人续住”。在离店时间处录入新的离店时间及续住原因，“确定”即可完成续住操作。

选择团体主账，进行客人续住，会将团体下的所有成员进行续住操作。

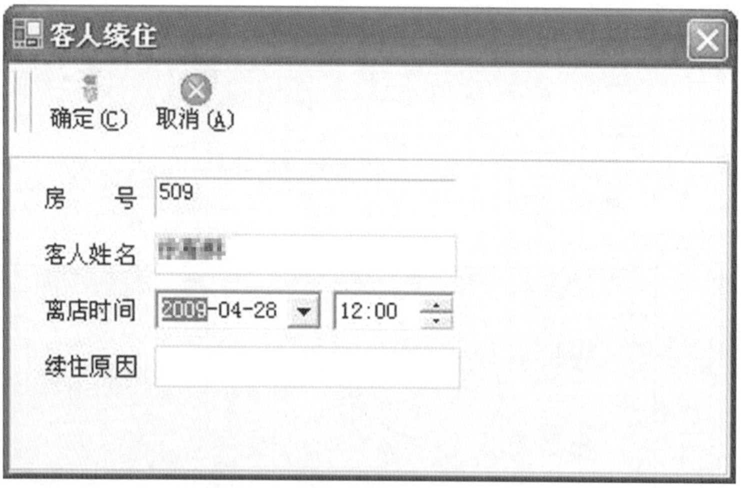

（5）取消入住：对于因误操作而将预订客人转为在住客人的情形，可以用“取消入住”功能将此客单从在住还原为预订状态，并释放房间的占用，操作时要求录入取消入住的原因。如果客单已有消费记录，则不允许取消入住，以防错漏。

入住后过了夜核也不再允许入住。

学习任务三　查询、留言服务

任务引入

3 月 2 日晚，李宁和同事在酒店餐厅就餐。这时李宁在本地的一个多年未见的大学同窗好友李明来到酒店找他，因不知道房间来到前台查询，但房间没有人。李明为了尽快见到好友，只好给李宁留言：“有急事，请速给李明回电话。”

任务分析

1. 李明来到酒店找李宁，由于不知道李宁住在哪个房间，来到前台请求服务员帮助查找。

2. 由于找不到李宁，李明只好请前台人员帮助她留言，留言内容为：有急事，请速给李明回电话。

完成任务

1. 客历档案

（1）客人在住店后，经过夜核时的“客历导入”步骤，系统会将记录自动转入到客历档案中，并按“会员客人”和“协议单位客人”将账户分类以便管理。也可手动将客历进行记录。

（2）客历档案中提供“合并客历”的功能，可以将客人历次住店的客历记录合并，合并后仍可查看账务明细，明细记录的归属账户不变。

（3）可在“客历查询”中查询客人的历史入住记录和账务信息。在“客历查询”中还可以按抵店时间查询记录。点击左侧的入住记录，右侧会对应显示相应的账务信息。

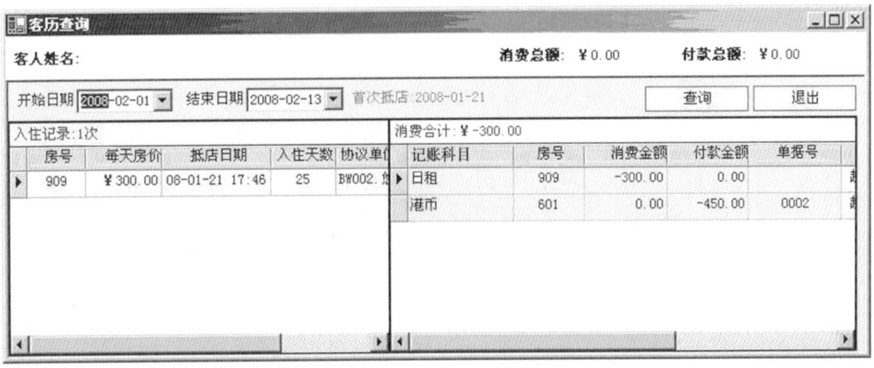

2．客人留言

记录酒店在住客人的相关留言，“递交”后则标识为已读，分两个视图显示“未读留言”和“已读留言”。

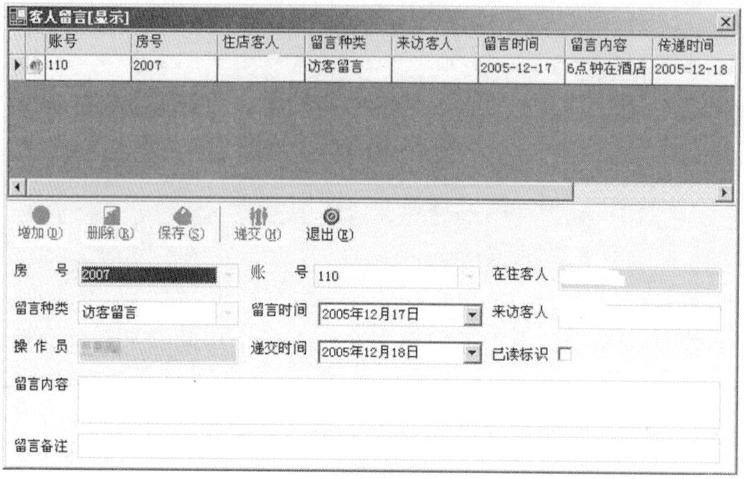

单元实训 团队入住

情景描述

本情景中，学生扮演前台接待人员，以编号“A01”进行登录。

4 月 20 日，前台工作接待员“A01”为明天的团队入住工作做好提前排房。茂安旅行社的度假旅游团 DJ－02 预订了 6 个标准间，统一安排在二楼，房号为 3202 到 3207。

4 月 21 日，茂安旅行社的 DJ－02 旅游团入住酒店，由导游张茜带队。接待员“A01”为他们办理了入住手续。客人进入房间后不久，3205 房间的客人反映该房间卫生间有点漏水，要求换房。接待员“A01”为客人更换房间至 3208。晚饭后导游张茜来到前台，要求为他的所有团队房间办理留言，内容为“明天要登山，请注意穿着”。

实训要求

1. 快速登录金锁匙酒店管理信息系统。
2. 快速为团队客人排房。
3. 快速办理团队入住手续。
4. 快速为客人更换房间。
5. 快速为客人办理留言。

综合评价

评价项目	评价标准	个人评价	相互评价	教师评价
操作方法	启动金锁匙管理系统			
	前台接待工作准备			
	正确运用各种功能键			
操作过程	团队客人预先排房操作准确			
	办理团队入住手续操作准确			
	查询房态操作准确			
	办理住客留言操作准确			
操作速度	完成预订操作的工作效率			
个人感悟				

A. 优 B. 良 C. 一般 D. 有待进步

第三单元　前台收银服务

●学习目标

1. 能够利用金锁匙酒店管理系统完成离店客人的结账工作；
2. 能够利用金锁匙酒店管理系统完成日常审核与报表管理工作；
3. 能够利用金锁匙酒店管理系统完成团队客人离店的结账工作。

学习任务一　结账

任务引入

3 月 2 日，李宁的好友找到他后，和李宁聊得很晚，于是当晚就在房间内加了一张床，费用是 100 元，当晚还饮用了房内小酒吧的两瓶饮料，每瓶饮料 10 元。3 月 3 日上午，李宁和同事离开饭店。

任务分析

李宁和同事在酒店住宿两晚。3 月 2 日加收加床费 100 元，饮用饮料 2 瓶，每瓶 10 元，前台人员为李宁等人办理离店手续。

知识链接

防止客人逃账是酒店前厅部管理的一项重要任务，前台员工应该掌握防止客人逃账的技术，以保护酒店利益。

1. 收取预订金。

2. 收取预付款。

3. 对持有信用卡的客人，提前向银行授权。

4. 制定合理的信用争取，包括付款期限、消费限额、折扣标准等。

5. 建立详细的客户档案。

6. 与楼层配合，对可疑宾客应密切注意其动向。

完成任务

1. 收银管理

收银系统主要功能是为散客和团体建立账户、收取押金、日常消费的记账、收款、结账等账务处理，也包括收银换班、收银审核等，处理所有客人从预订、入住、在店、离店各个期间的与账务相关的工作。

每天负责核算和整理收银员送来的各业务部门的客人消费账单，为离店客人办理结账退房手续，编制各种收银报表，及时反映酒店营业情况。从业务性质来看，前台收银一般由财务部直管，但由于它又在接待客人的第一线，所以同时也需接受前台部的指挥协调。

下图为系统中的收银管理界面，集结了所有收银相关的操作。列表中默认显示的是所有在住账户，可按各种条件过滤查询记录，并分多个视图显示各种状态的客单，包括在住、辅助、已退未结、已结未退、今日离店、有效预订、所有离店等。

（1）消费录入、收款录入：用于输入消费、结算的账目到账单中。分为电脑自动入账和手工录入两大类。房租、电话费、附加费用等由电脑自动计入前台客账。其他客人消费（例如洗衣等）、客人押金、结算付款的记录，一般由前台收银员手工录入。

收款录入：点击记账科目栏，从项目分类树中选取，输入正确的金额，项目属于消费还是结算，在基本信息中已定义。当要连续向同一账户输入多笔项目时，可以勾上“连续记账”标记，每输入完一个项目就点击“保存”。

消费录入：直接在项目列表中选择记录，点击“新增”按钮即可添加记录。也支持在“记账项目”栏下拉选择或录入编码。消费项的“单价”和“数量”能否手工录入，由基本信息中该项目的“是否启用单位”来控制。

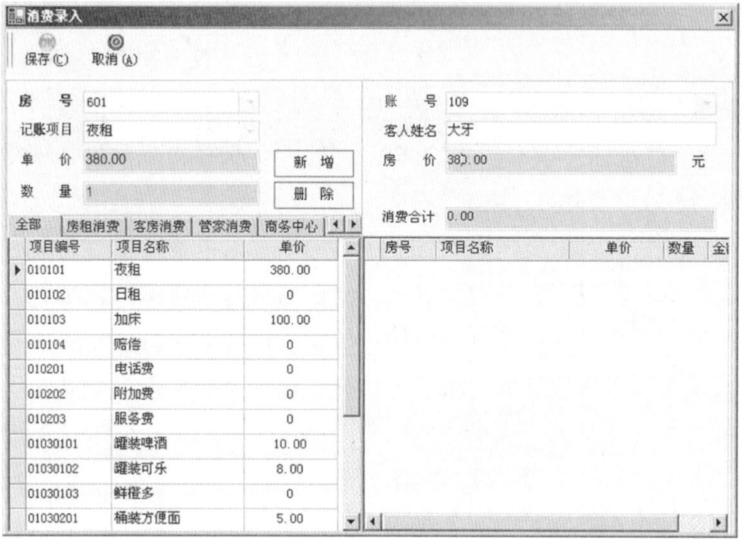

（2）冲账：冲减以正或负的记录来抵销错误的账目，并记录冲减的过程。窗口下方的“状态”按钮显示或隐藏冲减的记录，以备核查，原交易记录和冲减的负数记录以橘红色标识。

501	夜租	280.00	0	2008-02-13 11:19	超级用户	A	HM122		过夜租:2008-02-13 11:19
501	附加费	-28.00	0	2008-02-18 15:12	超级用户	A			过附加费:2008-02-13 11:
501	附加费	28.00	0	2008-02-13 11:19	超级用户	A			过附加费:2008-02-13 11:

（3）转账：如下图所示，转账界面上半部分为源账户的账目情况，下半部分为转入账户账目情况。在源账户区勾选将要转入的账目记录，选下方转入账户区选择要转入的账户，点击“转账”按钮，就能完成转账过程。被转账和对冲的转账记录用橘红色标识，可点击“状态”按钮显示或隐藏。

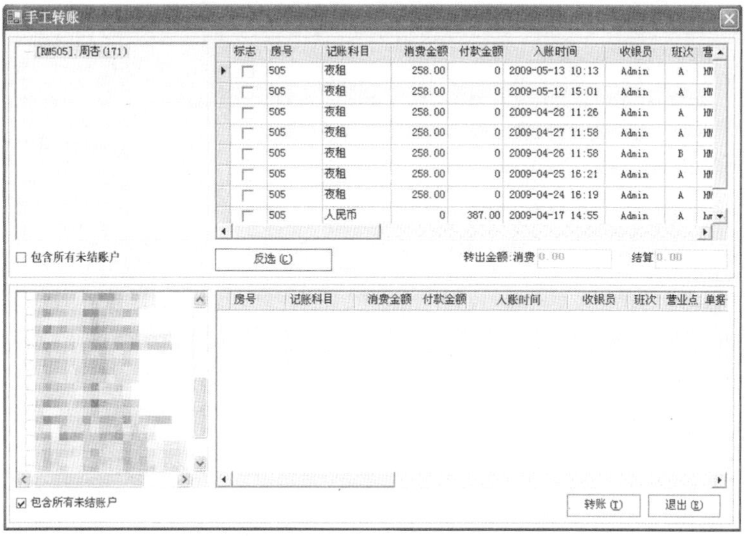

（4）分账：分账是用于将一笔账目按指定比例或金额拆分为两笔记录。可用于同住客人分担房费，或部分结账。

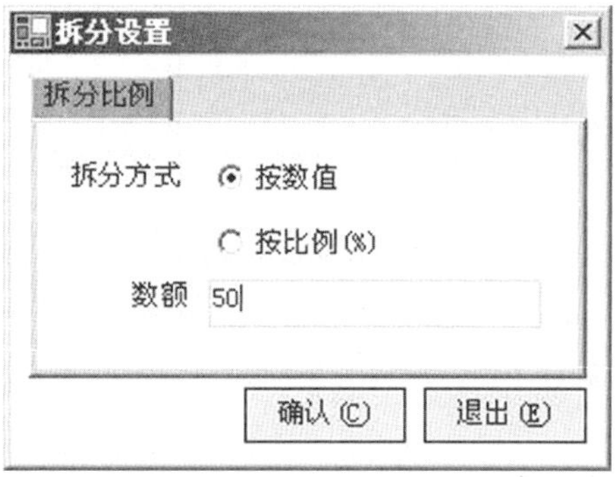

（5）挂账：除了现金、信用卡、支票等即付方式，酒店还可以为签订合约的公司或旅行社等协议单位提供挂账，再按协议周期性结清。进入挂应收账界面，选择要挂账的消费项目，并选择要挂账的协议单位，点击“挂账”按钮就完成了。

挂入协议单位的账目记录，房号后面显示“（挂）”字样，已挂账的账目不允许再做冲转操作。

挂入协议单位的消费，协议单位会根据同酒店定下的条约，每隔一段时间跟酒店结算一次。

挂账界面右上方（如下图）会显示相应协议单位的数字签名，便于挂账时操作人员核实签名，双击图片可最大化显示。

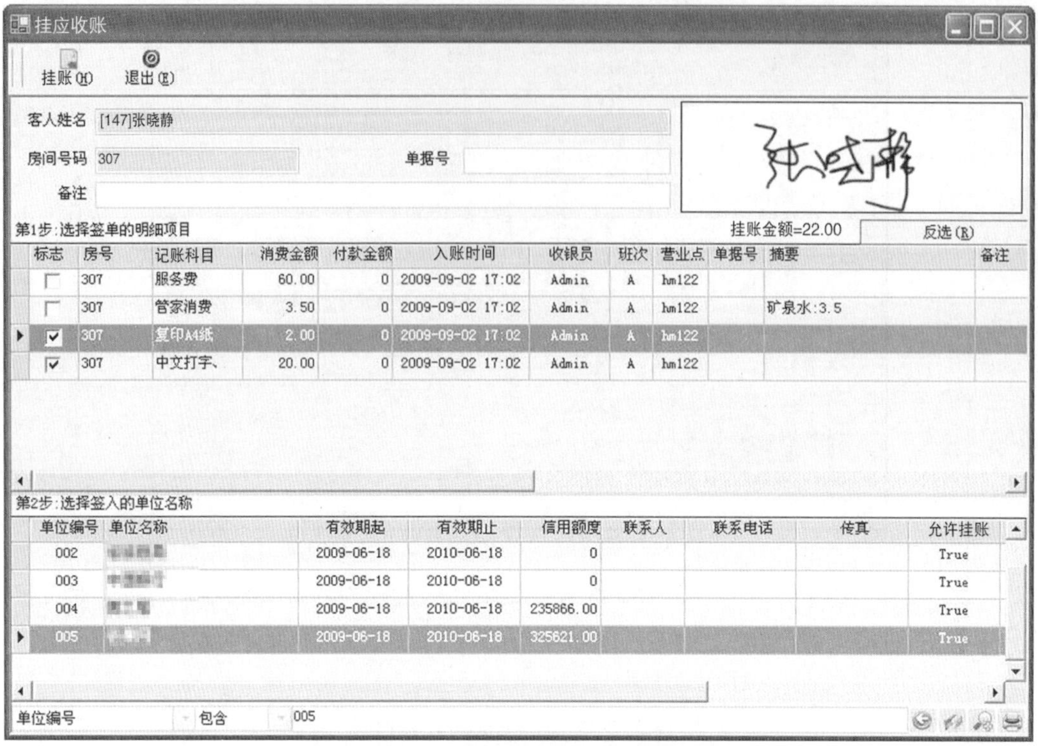

（6）开辅助账：前台收银中除了 A 类客人账、B 类团体主账外，还有 C 类辅助账，也就是非住店客户。

C 类工作账的主要用途有：由前台为无电脑收银的营业点（例如大堂吧）代收款和代开账单；对长住客或其他客账按时段或分项目来分次结账时，从客账中分出辅助账。

在账务明细界面选中某账目，点击“开辅助账”按钮，会创建一个辅助账户，并将此账目转入创建的辅助账户。

在平账和打印账单后，可在收银管理的“辅助账户”视图中用“直接结账”将此账户结掉。

2. 结账退房

（1）完整模式：通常前台收银处负责办理客人结账离店的手续。酒店可以根据自身的需求定义结账离店的过程。未勾选的步骤在结账过程中将不被执行。

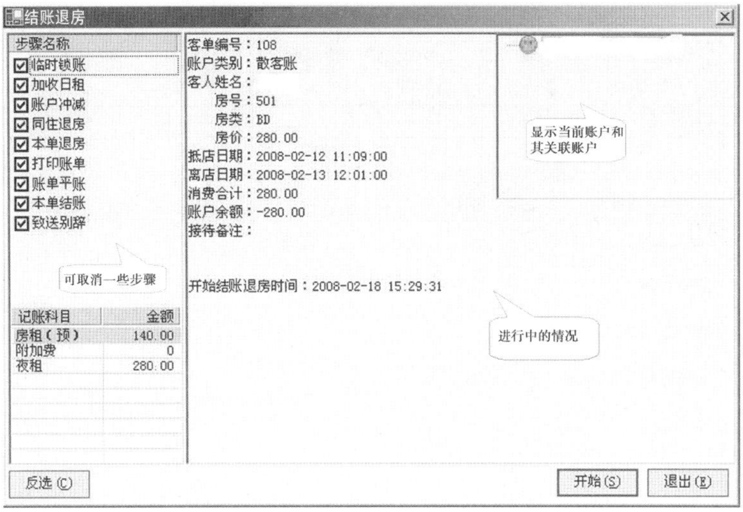

临时锁账：临时冻结指定账户，并禁止录入、修改此账户资料，处于锁定状态的账户只是禁止手工入账，像电话计费等自动入账将不受限制。

加收日租：如果客人超过酒店规定的退房时间（一般为12：00或18：00），结账时系统会弹出加收一天或半天日租的界面，加收的额度系统已经自动给出，在不需要调整金额的情况下，操作员只需点击“保存”就可以加收日租了。

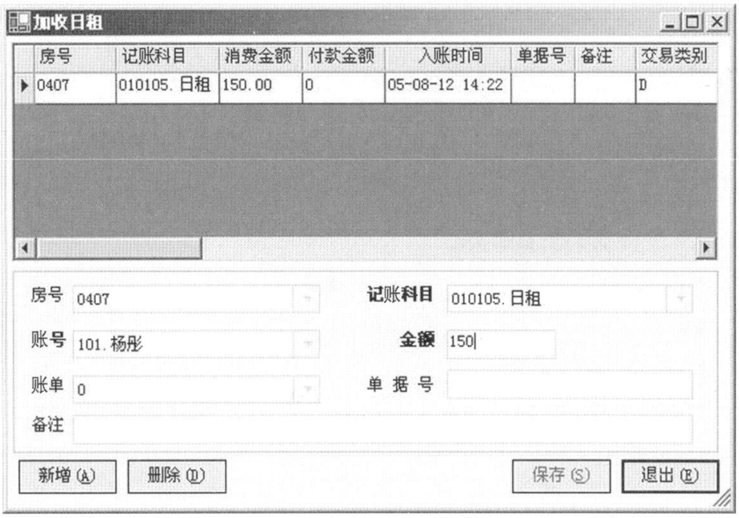

账户冲减：以正或负的记录来抵销错误的账目。如在此窗口核对账目时发现误操作录入的记录，可选中此记录，点击“冲账”按钮。

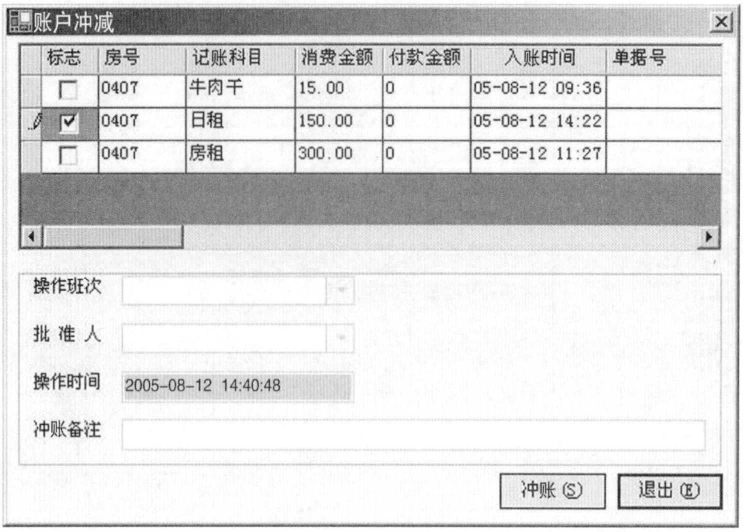

同住退房：若同住账户余额为零，将默认此账户退房，退房后该同住账户转入“已退未结”视图中。

账单平账：平账就是以各种结算方式支付客人尚欠酒店的款项余额，或将多余的钱找赎给客人。在账户平账窗口，标题栏上会显示当前账户的应收或找赎金额。收银员可以快速地知道应收客人多少钱或应找赎客人多少钱。应收及找赎金额已默认显示，操作员只需要点击“保存”按钮，就可完成平账的步骤。

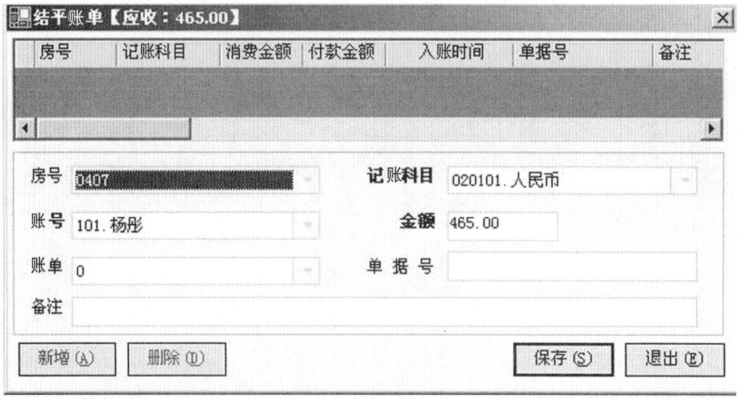

（2）系统还提供了另一种结账退房的方式，称为“精简模式”，用于默认用现金结账居多的用户。这种模式相对于完整模式来说，在操作上非常简洁和快捷。具体操作在“参数设置\ 系统参数”中找到如下图的参数项，将参数值设置为“1”，则结账时使用精简模式。

收银.业务	结账模式	1	0:完整模式 1:精简模式(默认现金结账)

下图为精简模式下的结账退房界面。

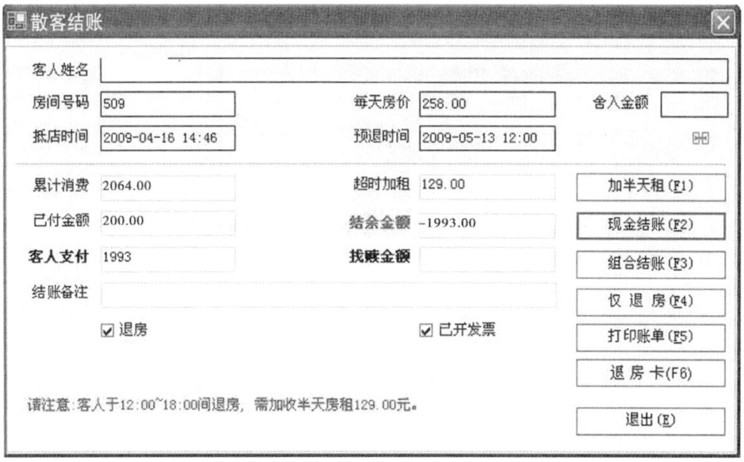

加半天租：点此按钮，系统会自动加收半天的房租到当前账户，已经自动加收的，不再计入。超时加租的金额可手工更改。

现金结账：进入精简结账界面，默认就是选中“现金结账”按钮，如果不需要调整，回车或按“F2”即可完成结账。

组合结账：用于除现金外多种结算方式组合结账，如下图，在相应的结算方式后录入金额即可。如要挂协议单位，点击备注后面的“...”按钮，将会转入到挂账界面。

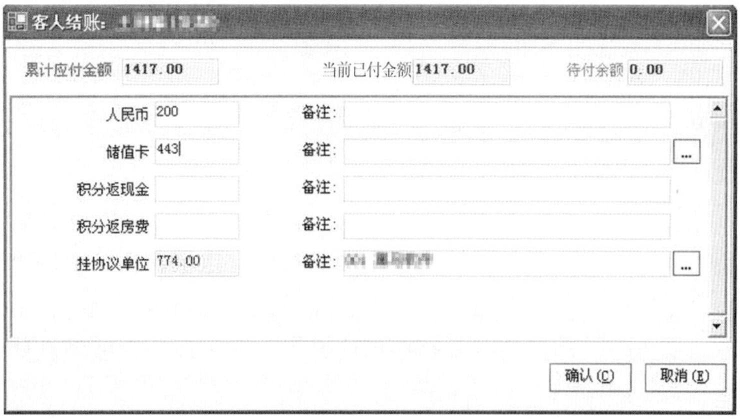

仅退房：点击此按钮，仅完成退房操作，客单将转为已退未结状态。

如果客人只结账，不退房，可以在界面上取消“☑退房”的勾选，结账后客单转为

“已结未退”状态。

点击结账退房界面右上角的“ ”小图标，可以转入到完整模式的结账退房界面。

以操作员登录系统后，如果不在收银上下班中进行收银上班，则无法在系统中进行收银相关的任何操作，如记账、结账退房等。

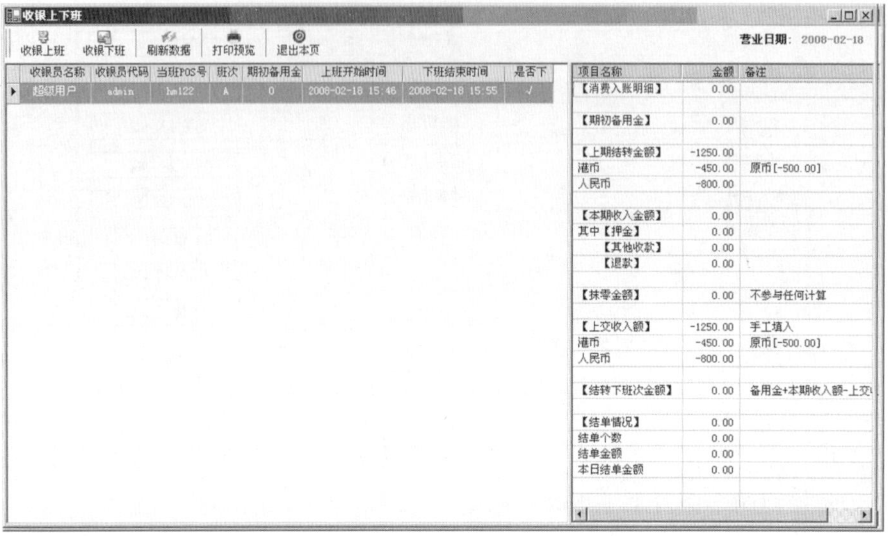

对“收银上下班”系统做了如下控制：

一台 POS 机只允许一个人上班，上一班次交班后，才允许另一操作员上班。

同一操作员只能在一台 POS 机上班，不管是当前班次还是其他班次都不能在不同的 POS 机上班。

收银上班时，可录入初备用金。

夜核时自动交接给当班人员，自动转换营业日期和班次，跨日结的收银员上交两个班次的报表。

上班时操作员手工选择班次，控制不允许选择系统当前班次以前的班次；交接班时，手工录入备用金。

收银下班时，当班收入可手工录入为上交金额（默认全数上交，可更改数额），不录入则默认全部转入下一班次：在参数设置中添加参数项，指定备用金对应的记账项目，要求在［基本信息→记账项目］中增加一个项目并对应到“备用金”参数中。

结单金额：当班收银员经手的所有结账退房客人，从入住到结账期间账户上发生的所有消费项目总和。

本日结单金额：当班收银员经手的所有结账退房客人，结账当天账户上发生的所有结算项目总和（包含找赎）。

学习任务二　报表管理

任务引入

3 月 3 日，李晓红上晚班，按照工作要求，李晓红上岗后要负责整理和打印酒店当日的各种营业报表。

任务分析

李晓红负责整理和打印酒店当日的各种营业报表。

知识链接

1. 晚班工作内容：晚班工作人员审核的主要内容是对在店客人信息的核对，为次日抵店客人做准备，如制作房卡、团队排房等。

2. 在各种报表中，最主要的是客房营业日报表，其格式与内容因酒店而异，但大致包括用房数、客人数、出租率、客房收入等方面内容。这些报表是酒店管理者了解经营情况的首要途径，是酒店管理者做出正确决策的依据，也是酒店其他各部门获取信息的重要来源。

完成任务

一、接待报表

1. 在住客人报表

记录所有当前在住的客单信息，如客人姓名、抵店时间、离店时间、房价、折扣等。

散客和团体分组显示，每组有“人数”、“房数”及“客单数”的小计值。

可选择营业日期返回查询当日在住客人信息。

在住客人报表

营业日期=2011-05-04　　打印时间：2011-05-04 14:38:27

房号	客人姓名	账号	房价	价码	折扣率	VIP	证件号码	单位名称	会员编号	抵店时间	预离时间	累计消费	累计押金	特殊要求	接待
散客															
8501	[illegible]	110169	208.00	01	100.00%					2011-02-14 14:19	2011-05-04 14:41	2908.00	200.00		Adm
8505	[illegible]	110219	208.00	01	100.00%					2011-05-04 14:25	2011-05-05 12:01	40.00	400.00		Adm
8506	[illegible]	110182	151.00	01	90.00%					2011-02-15 11:29	2011-05-05 12:01	1812.00	6115.50		罗总
8601	[illegible]	110177	208.00	03	100.00%					2011-02-15 11:05	2011-05-05 12:01	2496.00	0.00		罗总
8610	[illegible]	110170	151.00	01	90.00%					2011-02-14 14:21	2011-05-05 12:01	2039.00	0.00		Adm
8701	[illegible]	110178	180.00	001	100.00%			名凯-比例佣金测试		2011-02-15 11:06	2011-05-05 12:01	2188.00	888.00		罗总
8703	[illegible]	110205	118.00	01	100.00%					2011-03-25 10:46	2011-05-05 12:01	708.00	0.00		Adm
8705	[illegible]	110217	208.00	01	100.00%	VIP1				2011-04-11 15:29	2011-05-05 12:01	624.00	0.00		Adm
8801	[illegible]	110197	57.00	03	100.00%					2011-02-15 15:58	2011-05-05 12:01	627.00	2365.50		Adm
8802	[illegible]	110181	133.00	01	90.00%					2011-02-15 11:29	2011-05-05 12:01	1596.00	0.00		罗总
8805	[illegible]	110179	208.00	01	100.00%					2011-02-15 11:06	2011-05-05 12:01	2496.00	10.00		罗总
8806	[illegible]	110206	158.00	01	100.00%					2011-03-25 10:46	2011-05-05 12:01	948.00	395.00		Adm
8810	[illegible]	110200	84.00	01	50.00%					2011-02-15 16:00	2011-05-05 12:01	924.00	3402.00		Adm
8901	[illegible]	110183	57.00	03	100.00%					2011-02-15 14:23	2011-05-04 15:34	684.00	0.00		Adm
8905	[illegible]	110218	208.00	01	100.00%					2011-05-03 10:55	2011-05-05 12:01	208.00	0.00		Adm
小计：	15		2337.00									20298.00	13776.00		
合计：	15		2337.00									20298.00	13776.00		

操作员：Admin　　GoldenKey PMS

2. 在住房间报表

按楼层分组记录每个房间在住客单情况，如客人姓名、国籍、抵离店时间、特殊要求等。

在住房间报表

营业日期=2011-05-04　　打印时间：2011-05-04 14:46:16

房号	客人姓名	账号	房价	价码	折扣率	VIP	证件号码	单位名称	会员编号	抵店时间	预离时间	特殊要求	接待员	备注
8501	[illegible]	110169	208.00	01	100.00%					2011-02-14 14:19	2011-05-04 14:41		Admin	
8505	[illegible]	110219	208.00	01	100.00%					2011-05-04 14:25	2011-05-05 12:01		Admin	
8506	[illegible]	110182	151.00	01	90.00%					2011-02-15 11:29	2011-05-05 12:01		罗总	
8601	[illegible]	110177	208.00	03	100.00%					2011-02-15 11:05	2011-05-05 12:01		罗总	
8610	[illegible]	110170	151.00	01	90.00%					2011-02-14 14:21	2011-05-05 12:01		Admin	
8701	[illegible]	110178	180.00	001	100.00%			名凯-比例佣金测试		2011-02-15 11:06	2011-05-05 12:01		罗总	
8703	[illegible]	110205	118.00	01	100.00%					2011-03-25 10:46	2011-05-05 12:01		Admin	
8705	[illegible]	110217	208.00	01	100.00%	VIP1				2011-04-11 15:29	2011-05-05 12:01		Admin	
8801	[illegible]	110197	57.00	03	100.00%					2011-02-15 15:58	2011-05-05 12:01		Admin	
8802	[illegible]	110181	133.00	01	90.00%					2011-02-15 11:29	2011-05-05 12:01		罗总	
8805	[illegible]	110179	208.00	01	100.00%					2011-02-15 11:06	2011-05-05 12:01		罗总	该钟点房已超时
8806	[illegible]	110206	158.00	01	100.00%					2011-03-25 10:46	2011-05-05 12:01		Admin	
8810	[illegible]	110200	84.00	01	50.00%					2011-02-15 16:00	2011-05-05 12:01		Admin	
8901	[illegible]	110183	57.00	03	100.00%					2011-02-15 14:23	2011-05-04 15:34		Admin	
8905	[illegible]	110218	208.00	01	100.00%					2011-05-03 10:55	2011-05-05 12:01		Admin	
合计：	15	NaN	2337.00											

操作员：Admin　　GoldenKey PMS

3. 续住客人报表

统计夜核时自动续住和手工做续住操作的客人。

续住客人报表

开始日期=2011-05-03 结束日期=2011-05-03　　　　打印时间：2011-05-04 14:35:18

房号	客人姓名	账号	抵店时间	原离店时间	新离店时间	续住原因	操作时间	操作员
8905	[illegible]	110218	2011-05-03 10:55	2011-05-04 12:01	2011-05-05 12:01	夜核检测应离未离客人自动续住1天	2011-05-04 14:24	Admin
8810	[illegible]	110200	2011-02-15 16:00	2011-05-04 12:01	2011-05-05 12:01	夜核检测应离未离客人自动续住1天	2011-05-04 14:24	Admin
8806	[illegible]	110206	2011-03-25 10:46	2011-05-04 12:01	2011-05-05 12:01	夜核检测应离未离客人自动续住1天	2011-05-04 14:24	Admin
8805	[illegible]	110179	2011-02-15 11:06	2011-05-04 12:01	2011-05-05 12:01	夜核检测应离未离客人自动续住1天	2011-05-04 14:24	Admin
8802	[illegible]	110181	2011-02-15 11:29	2011-05-04 12:01	2011-05-05 12:01	夜核检测应离未离客人自动续住1天	2011-05-04 14:24	Admin
8801	[illegible]	110197	2011-02-15 15:58	2011-05-04 12:01	2011-05-05 12:01	夜核检测应离未离客人自动续住1天	2011-05-04 14:24	Admin
8705	[illegible]	110217	2011-04-11 15:29	2011-05-04 12:01	2011-05-05 12:01	夜核检测应离未离客人自动续住1天	2011-05-04 14:24	Admin
8703	[illegible]	110205	2011-03-25 10:46	2011-05-04 12:01	2011-05-05 12:01	夜核检测应离未离客人自动续住1天	2011-05-04 14:24	Admin
8701	[illegible]	110178	2011-02-15 11:06	2011-05-04 12:01	2011-05-05 12:01	夜核检测应离未离客人自动续住1天	2011-05-04 14:24	Admin
8610	[illegible]	110170	2011-02-14 14:21	2011-05-04 12:01	2011-05-05 12:01	夜核检测应离未离客人自动续住1天	2011-05-04 14:24	Admin
8601	[illegible]	110177	2011-02-15 11:05	2011-05-04 12:01	2011-05-05 12:01	夜核检测应离未离客人自动续住1天	2011-05-04 14:24	Admin
8506	[illegible]	110182	2011-02-15 11:29	2011-05-04 12:01	2011-05-05 12:01	夜核检测应离未离客人自动续住1天	2011-05-04 14:24	Admin
合计：	12	NaN						

操作员：Admin　　　　GoldenKey PMS

4. 新入住客人统计表

同在住客人不同，该报表是按时段统计每个营业日期新入住的客人情况。

新开账单数：以账号来统计，如一个房间有同住客人，则新开房间数为1，但新开账单数为2，另外新开账单数中也统计了团体主账数。

房价：按账户统计的房间价格，不是已经生成的房费。

散客/团体：散客按账户数统计，如同住一个房间的两个客人，统计为2；团体按主账户数量统计，一个团体就统计为1。

新入住客人统计报表

开始日期=2011-05-02 结束日期=2011-05-04　　　　打印时间：2011-05-04 14:51:00

接待员	接待日期	新开房数	新开账单数	房价	散客	团体
Admin						
Admin	2011-05-03	1	1	208.00	1	0
Admin	2011-05-04	5	5	562.00	1	1
小计：	**2**	**6**	**6**	**770.00**	**2**	**1**
合计：	**2**	**6**	**6**	**770.00**	**2**	**1**

操作员：Admin　　　　GoldenKey PMS

5. 客人来源统计表（明细）

按国内和国外分别统计查询时段的在住客人来源（包括当天已退房的客人）。在接待时标识为境外客人的，将按其国籍与国内客人分开统计。该明细表统计的具体的客人明细情况，另有按国籍汇总统计的汇总报表。

客人来源统计表(明细)

开始日期=2011-05-05 结束日期=2011-05-05　　打印时间：2011-05-05 15:06:17

客人姓名	账号	房号	抵店日期	离店日期	消费金额
国内					
[redacted]	110200	8810	2011-02-15 16:00:00	2011-05-06 12:01:00	1008.00
[redacted]	110197	8801	2011-02-15 15:58:00	2011-05-06 12:01:00	684.00
[redacted]	110183	8901	2011-02-15 14:23:00	2011-05-05 15:34:00	741.00
[redacted]	110181	8802	2011-02-15 11:29:00	2011-05-06 12:01:00	1729.00
[redacted]	110182	8506	2011-02-15 11:29:00	2011-05-06 12:01:00	1963.00
[redacted]	110179	8805	2011-02-15 11:06:00	2011-05-06 12:01:00	2704.00
[redacted]	110178	8701	2011-02-15 11:06:00	2011-05-06 12:01:00	2368.00
[redacted]	110205	8703	2011-03-25 10:46:00	2011-05-06 12:01:00	826.00
[redacted]	110206	8806	2011-03-25 10:46:00	2011-05-06 12:01:00	1106.00
[redacted]	110217	8705	2011-04-11 15:29:00	2011-05-06 12:01:00	832.00
[redacted]	110218	8905	2011-05-03 10:55:00	2011-05-06 12:01:00	416.00
[redacted]	110219	8505	2011-05-04 14:25:00	2011-05-06 12:01:00	248.00
[redacted]	110221	8403	2011-05-04 14:51:00	2011-05-06 12:01:00	118.00
[redacted]	110222	8408	2011-05-04 14:51:00	2011-05-06 12:01:00	118.00
[redacted]	110223	8413	2011-05-04 14:51:00	2011-05-06 12:01:00	118.00
[redacted]	110224	8405	2011-05-04 14:53:00	2011-05-06 12:01:00	208.00
[redacted]	110225	8405	2011-05-04 14:54:00	2011-05-06 12:01:00	208.00
[redacted]		17			**15395.00**
[redacted]					
[redacted]	110169	8501	2011-02-14 14:19:00	2011-05-05 14:41:00	3116.00
[redacted]		1			**3116.00**
[redacted]					
[redacted]	110177	8601	2011-02-15 11:05:00	2011-05-06 12:01:00	2704.00
[redacted]	110170	8610	2011-02-14 14:21:00	2011-05-06 12:01:00	2190.00
小计：		2			**4894.00**
合计：		20			**23405.00**

操作员：Admin　　GoldenKey PMS

6. 客人来源统计表（汇总）

客人来源统计表（汇总）与客人来源统计表（明细）相同，区别在于此报表按国内和国外（国籍）汇总统计。

客人来源统计表

营业日期:2011-05-05 -- 2011-05-05 收银员:Admin　　打印时间：2011-05-05 15:21:55

国内(外)	省(国家)	市	数量	消费金额
国内			16	14569.00
小计			16	14569.00
	丹麦		1	3116.00
	法国		1	826.00
	中国台湾		2	4894.00
小计			4	8836.00
合计			20	23405.00

操作员：　　GoldenKey PMS

7. 自用房、免费房、钟点房报表

可查询某营业日的自用房、免费房、钟点房客人（接待时的房价编码）。另外该报表也统计了当天入住当天退房的客人，即日租房。使用报表通用的二次查询功能，以“房号”为查询条件，模糊查询值（C）、（F）、（Z）、（R），可按条件过滤出单独某一个类别的客人信息。具体定义见报表上方的说明【Z自用房· F免费房· C钟点房· R日租房】。

自用房·免费房·钟点房报表

营业日期=2011-05-05【Z自用房· F免费房· C钟点房·R日租房】 （房号LIKE'%(F)%'）　　打印时间：2011-05-05 16:01:51

房号	客人姓名	账号	房价	价码	房类	折扣率	VIP	抵店时间	预离时间	消费总额	结余金额	接待备注
_散客												
(C)8905	[illegible]	110218	0.00	05	豪华套房	0%		2011-05-03 10:55	2011-05-06 12:01	416.00	-416.00	
(F)8601	[illegible]	110177	208.00	03	豪华套房	100%		2011-02-15 11:05	2011-05-06 12:01	2704.00	-1872.00	
(F)8801	[illegible]	110197	57.00	03	豪华套房	100%		2011-02-15 15:58	2011-05-06 12:01	684.00	1681.50	
(F)8901	[illegible]	110183	57.00	03	豪华套房	100%		2011-02-15 14:23	2011-05-05 15:34	741.00	-570.00	
(R)9301	[illegible]	110226	208.00	01	豪华套房 豪华套房	100%		2011-05-05 15:58	2011-05-05 16:02	208.00	0.00	
(Z)8705	[illegible]	110217	198.00	02	豪华套房	100%	VIP1	2011-04-11 15:29	2011-05-06 12:01	832.00	-832.00	
小计：	6	NaN	728.00							5585.00	-2008.50	
合计：	6	NaN	728.00							5585.00	-2008.50	

操作员：Admin　　GoldenKey PMS

8. 预订入住客人报表

由预订单转为入住的客人统计。

预订入住客人报表

营业日期=2011-05-05,客人姓名=*,房号 = *　　打印时间：2011-05-05 16:31:44

房号	客人姓名	账号	房价	价码	折扣率	VIP	证件号码	单位名称	会员编号	抵店时间	预离时间	特殊要求	接待备注	接待员
散客														
8410	[illegible]	2450	168.00	01	100.00%					2011-05-05 16:26	2011-05-20 12:01			Admin
8602	[illegible]	2448	148.00	01	100.00%					2011-05-05 16:25	2011-05-06 12:01			Admin
小计：	2	NaN	316.00											
合计：	2	NaN	316.00											

操作员：Admin　　GoldenKey PMS

9. 预计离店客人报表

预离时间为当前查询日期的客人统计。

预计离店客人报表

营业日期=2011-05-05　　打印时间：2011-05-05 16:33:02

房号	客人姓名	账号	房价	价码	房类	折扣率	VIP	抵店时间	预离时间	消费总额	结余金额	接待备注
_散客												
8501	[illegible]	110169	208.00	01	豪华套房 豪华套房	100%		2011-02-14 14:19	2011-05-05 14:41	3116.00	-1152.00	
8901	[illegible]	110183	57.00	03	豪华套房 豪华套房	100%		2011-02-15 14:23	2011-05-05 15:34	741.00	-570.00	
小计：	2	NaN	265.00							3857.00	-1722.00	
合计：	2	NaN	265.00							3857.00	-1722.00	

操作员：Admin　　GoldenKey PMS

10. 换房调价客人报表

记录所查询时段内有过更换房间和调整房价操作的客人。

换房调价客人报表

开始日期=2011-05-05 结束日期=2011-05-05　　打印时间：2011-05-05 17:12:53

账号	房号	客人姓名	抵店时间	离店时间	原房号	新房号	原房类	新房类	原房价	新房价	原因说明	操作时间	操作员
110218	8905	[illegible]	2011-05-03 10:55	2011-05-06 12:01	8905	8905	豪华套房	豪华套房	208.00	0.00	变更房类	2011-05-05 15:59	Admin
110217	8705	[illegible]	2011-04-11 15:29	2011-05-06 12:01	8705	8705	豪华套房	豪华套房	208.00	198.00	变更房类	2011-05-05 15:59	Admin
NaN	2								NaN	NaN			

操作员：Admin　　GoldenKey PMS

11. 直接抵店客人报表

查询某营业日期直接抵店而非通过预订入住的客人记录。

直接抵店客人报表

营业日期=2011-05-04,客人姓名=*,房号 = *

打印时间：2011-05-05 17:15:37

房号	客人姓名	账号	房价	价码	折扣率	VIP	证件号码	单位名称	会员编号	抵店时间	预离时间	接待备注	接待员
8403	[illegible]	110221	118.00	01	100.00%					2011-05-04 14:51	2011-05-06 12:01		Admin
8405	[illegible]	110224	208.00	01	100.00%					2011-05-04 14:53	2011-05-06 12:01		Admin
8405	[illegible]	110225	208.00	01	100.00%					2011-05-04 14:54	2011-05-06 12:01		Admin
8408	[illegible]	110222	118.00	01	100.00%					2011-05-04 14:51	2011-05-06 12:01		Admin
8413	[illegible]	110223	118.00	01	100.00%					2011-05-04 14:51	2011-05-06 12:01		Admin
8505	[illegible]	110219	208.00	01	100.00%					2011-05-04 14:25	2011-05-06 12:01		Admin
合计:	6	NaN	978.00										

操作员：Admin

GoldenKey PMS

二、收银报表

1. 营业收入报表

按房租、非房租分类统计，酒店当天的收入情况（即当天发生的消费项目）和出租情况。

当日累计收入：所查询的营业日期当天所有发生的消费记录汇总（分房租和非房租两大类）。房租类合计包括夜租、日租、加床，按房类项统计；非房租类合计就是除了房租以外的所有消费，按记账项目中的二级类别汇总（即消费类的下一级）。

当月累计收入/当年累计收入：同当日累计收入定义相同，当月累计收入是该月 1 号至所查询营业日期为止的月累计；当年累计收入是该年 1 月 1 号至所查询营业日期为止的年累计。

房间数：各房类的总房间数（非占用数）。

当日出租数：所查询的营业日期当日入住的房间数（同住只算一间房；当天入住当天退房未计算在内；自用房和免费房未计算在内）。

当日出租率：当日出租数/房间数。

当月出租数：同当日出租数相同，当月出租是该月 1 号至所查询营业日期为止累计的入住房间数。

当月出租率：当月出租数/房间数。

平均房价：房租统计/在住房数。

营业收入报表

营业日期=2011-05-05　　　　打印时间：2011-05-07 15:22:19

项目	当日累计收入	当月累计收入	当年累计收入	房间数	当日出租数	当日出租率	当月出租数	当月出租率	平均房价
营业总收入	208.00	5484.00	128925.10						
房租类合计	208.00	5444.00	123445.71	67	17	25.37%	44	21.89%	123.73
标间	0.00	590.00	13175.50	18	4	22.22%	9	16.67%	65.56
单间	0.00	0.00	4955.00	6	0	0.00%	0	0.00%	0.00
豪华标间	0.00	470.00	8282.00	6	3	50.00%	7	38.89%	67.14
豪华单间	0.00	266.00	16460.00	6	2	33.33%	4	22.22%	66.50
豪华蜜月房	0.00	302.00	3579.71	3	1	33.33%	3	33.33%	100.67
豪华淑女房	0.00	316.00	8173.00	3	1	33.33%	3	33.33%	105.33
豪华套房	208.00	3500.00	66993.00	12	6	50.00%	18	50.00%	194.44
特价房	0.00	0.00	1827.50	12	0	0.00%	0	0.00%	0.00
自用房	0.00	0.00	0.00	1	0	0.00%	0	0.00%	0.00
非房租类合计	0.00	40.00	5479.39						
客房消费	0.00	0.00	865.00						
管家消费	0.00	0.00	1782.00						
商务中心	0.00	40.00	1140.00						
转账记录	0.00	0.00	1359.00						
其它费用	0.00	0.00	333.39						
test	0.00	0.00	0.00						

操作员：Admin　　　　GoldenKey PMS

2. 押金入账明细表

注意：押金是指在收银管理中以“押金录入”记录的付款项，不包括现结、结平账单时记入的付款记录。

此报表统计所查询营业日在住及当天退房客人押金的实时入账状况。

押金总额：客人从入住开始，到当前时间为止，以“押金”的记账方式计入的所有金额。

其他收款：客人从入住开始，到当前时间为止，除“押金”以外以其他记账方式计入的金额（包括商务中心现结金额、结平账单时收入的金额）。

今日入账金额：当前营业日，客人账户以任何方式计入的金额（押金 + 其他结算方式，包括找赎金额）。

剩余金额：在住客人的剩余金额 = 押金总额 + 其他收款 − 消费总额；客人结账后，剩余金额为 0。

累计消费：客人从入住到当前的消费总额。

退款金额：客人结账时，以“找赎”项计入的金额；未结账时，此项为 0。

手工计入的负数结算项，统计在押金总额或其他收款及今日入账金额中。

押金入账明细表

营业日期=2011-05-12　　　　打印时间：2011-05-12 14:20:55

房号	客人姓名	账号	押金总额	其他收款	今日入账金额	累计消费	剩余金额	退款金额
8411	[redacted]	110226	0.00	0.00	0.00	0.00	0.00	0.00
8413	[redacted]	110224	177.00	0.00	177.00	0.00	177.00	0.00
8413	[redacted]	110223	0.00	0.00	0.00	0.00	0.00	0.00
8413	[redacted]	110222	0.00	0.00	142.00	142.00	-142.00	0.00
8501	[redacted]	110220	270.00	50.00	320.00	50.00	270.00	0.00
8505	[redacted]	110225	0.00	0.00	208.00	208.00	-208.00	0.00
8509	[redacted]	110227	0.00	0.00	0.00	0.00	0.00	0.00
8510	[redacted]	110221	252.00	0.00	252.00	0.00	252.00	0.00
合计：	8		699.00	50.00	1099.00	400.00	349.00	0.00

操作员：Admin　　　　GoldenKey PMS

3. 押金结账明细表

统计所查询的营业日（可查询一段时间），已结账客人的押金和订金情况。

收押金：所有通过“押金录入”入口记进来的付款记录，如房态图、收银管理、账户明细中的押金录入。

收订金：由预订客人转为入住，客人在预订时录入的订金，订金记录在账务明细中，点右键可以将其转为在住押金。

押金结账明细表

开始日期=2011-05-12 结束日期=2011-05-13　　打印时间：2011-05-13 17:25:28

房号	客人姓名	账号	抵店日期	离店日期	收押金	收订金	其他收款	退订金	结账找赎	收银员	班次	摘要	备注
A.Admin													
8505	[redacted]	110225	2011-05-12 11:49	2011-05-12 11:50	0.00	0.00	208.00	0.00	0.00	Admin	A	结账时[现金]支付:208.00元	
8413	[redacted]	110224	2011-05-12 11:48	2011-05-14 12:01	177.00	0.00	0.00	0.00	0.00	Admin	A		118.00*1.5
8413	[redacted]	110222	2011-05-12 11:35	2011-05-12 11:48	0.00	0.00	142.00	0.00	0.00	Admin	A	自动结平账单：142.00	
8510	[redacted]	110221	2011-05-12 11:35	2011-05-14 12:01	252.00	0.00	0.00	0.00	0.00	Admin	A		168.00*1.5
8501	[redacted]	110220	2011-05-12 11:35	2011-05-13 14:23	0.00	0.00	50.00	0.00	0.00	Admin	A	商务结账	
8501	[redacted]	110220	2011-05-12 11:35	2011-05-13 14:23	270.00	0.00	0.00	0.00	0.00	Admin	A		180.00*1.5
8501	[redacted]	110220	2011-05-12 11:35	2011-05-13 14:23	0.00	0.00	0.00	0.00	-90.00	Admin	A	结账时[现金]找赎:90.00元	
小计：	**7**	**NaN**			**699.00**	**0.00**	**400.00**	**0.00**	**-90.00**				
合计：	**7**	**NaN**			**699.00**	**0.00**	**400.00**	**0.00**	**-90.00**				

操作员：Admin　　GoldenKey PMS

三、客房营业情况统计报表

较全面地反映酒店的总体情况，便于管理者清晰地了解酒店当天的营业情况。这是一张较为复杂的报表，统计角度也各有不同，请详细阅读此报表的说明。

总房数：在“房间信息”定义的所有房间数，不包括未启用的房间。

空房数：组合房态为“VC”（即空净房），不包括未启用的房间。

免费房数：在房态盘上或客房管理中手工设置的“免费房”，以及接待单房价代码选择为“免费房”的房间。

自用房数：在房态盘上或客房管理中手工设置的“自用房”，以及接待单房价代码选择为“自用房”的房间。

维修房：组合房态为“OOO”，则在房态盘上或客房管理中手工设置的为“维修房”的房间。

停用房：组合房态为“OOS”，则在房态盘上或客房管理中手工设置的为“停用房”的房间。

在住房数：所有被占用的房间数量，包括房态为 OC（清洁的占用房）、OD（未清洁的占用房）、OI（已检查的占用房）。

★团体房数：在住团体成员所占用的房数。

★散客房数：在住散客所占用的房数，与团体房数加起来等于“在住房数”。

日租房数：当天入住当天退房的房间数量，不管有无生成房租，都统计为日租房。

★团体房数：当天入住当天即退房的团体房数。

★散客房数：当天入住当天即退房的散客房数，与团体房数加起来等于“日租房数”。

预订房数：预计抵店时间为当前营业日的预订单房数。

预订等候：预计抵店时间为当前营业日，被手工设置为“等候预订”状态的预订单房数，统计截止到此预订单的预离时间的营业日。例如某等候预订单的预抵时间为 10 月 12 日，预离时间为 10 月 14 日，则 10 月 12 日、10 月 13 日、10 月 14 日“预订等候”项都会统计此预订单。

预订未到：预计抵店时间为当前营业日的未到预订预订单房数。与此统计有关的有两个地方，一个是手工在预订管理中设置为未到预订，一个则是在夜核时勾选了“设置未到预订”项，则会在夜核过程将预抵时间为当天但未转入住的预订单自动转为“取消预订”。与预订等候不同的是，预位未到只在预抵时间的营业日统计。

预订取消：预计抵店时间为当前营业日，被手工设置为“取消预订”状态的预订单房数，与预订等候不同的是，因为取消之后就已经是无效的预订单了，所以只在预抵时间的营业日统计。

直接步入：以“散客接待”和“团体接待”操作入住的客单房数，另外还包括“免费房”和“自用房”。

预订步入：由预订单转为入住的客单房数，等于“提前抵店” + “延期抵店” + “如期抵店”。

★提前抵店：在预抵时间前从预订转为入住的客单房数。

★延期抵店：超过预订时间后从预订转为入住的客单房数。

★如期抵店：在预订时间当日从预订转为入住的客单房数。

提前离店：实际离店时间在登记的预离时间之前的客单房数，则统计为提前离店。

如期离店：实际离店时间与登记的预离时间相同，统计为如期离店。

延期离店：实际离店时间晚于登记的预离时间，统计为延期离店，这个统计值与自动续住有关，如果夜核时选择了“自动续住”，则永远不会有延期离店的统计。

对于离店情况的统计，需要注意的是与续住操作有关，统计标准以续住后的离店时间为准。在这里举一个例子：如果客单“张三”的原离店时间为 10 月 12 日，后来续住到 10 月 14 日，但仍然在 10 月 12 日离店了，这种情况会统计为提前离店，而非如期离店。

在住人数：即在住（有房间）的客单数，不包括团体主账。等于“在住团员” + “在住散客”。

★在住团员：对于团体来说只统计实际生成且已排房的客单。

★在住散客：通过“复制客单”操作形成的同住客单都会统计。

房价代码：引用不同房价编码的客单数统计。这一类没有固定的统计项，取的是用户自己在“基本信息”→“房价编码”中定义的记录。

收入统计：各种消费类别的统计。这里也不是固定的统计项，取用户自定义的“记账项目”，统计2级类别及以下的所有类，不统计明细项。

房租统计：等于“日租”消费+“夜租”消费+“加床”消费；“房租统计”与“收入统计”并非并列关系，“收入统计”中已经包含了“房租统计”，这里只是将房租收入再独立出来显示。

★日租：“系统参数”→“账务参数”中“日租”项所对应的记账项目的发生金额。

★夜租：“系统参数”→“账务参数”中“夜租”项所对应的记账项目的发生金额。

★加床：“系统参数”→“账务参数”中“加床”项所对应的记账项目的发生金额。

出租率：等于“在住房数”除以“总房数”。

平均房价：等于“房租统计”除以“在住房数”。

人均房价：等于“房租统计”除以“在住人数”。

按房类统计每种房类的出租情况。

合计房价：实际房价的合计值。

平均房价：合计房价/本日出租数。

本日出租率：本日出租数/房间总数。

客房出租情况表

营业日期：2008-02-21　　打印时间：2008-02 21 10:16:27

房间类别	房间总数	本日出租数	合计房价	平均房价	本日出租率	本月累计开房
标单	9	2	560.00	280.00	22.22%	2
标准双人房	12	0	0.00	-	0.00%	0
豪华单人房	4	0	0.00	-	0.00%	0
豪华双人房	4	0	0.00	-	0.00%	0
小计	29	2	560.00	280.00	0.07%	2
钟点房	-	0	0.00	-	-	0
免费房	-	0	0.00	-	-	0
自用房	-	0	0.00	-	-	0
合计	-	2	560.00	-	-	2

四、催收报表

统计在住客人的账户余额，并给出应该催收的额度，方便酒店对欠费的客人催收押金。

催收金额=账户余额-一天半房租（实际房价而非标准房价）

催收报表

营业日期：2005年12月17日　　　　打印时间：2005-12-17 06:31

房号	账号	抵店日期	离店日期	房价	房价代码	房类	结算方式	信用额度	账户余额	催收金额
团体主单										
	104	2005-12-14 8:C	2005-12-18 1	.00	001			.00	-1,640.00	-1,640.00
在住客人										
2001	105	2005-12-14 8:C	2005-12-18 1	328.00	001	豪单		.00	-656.00	-1,148.00
2003	107	2005-12-14 8:C	2005-12-18 1	328.00	001	豪单		.00	-656.00	-1,148.00
2005	108	2005-12-14 8:C	2005-12-18 1	328.00	001	豪单		.00	-656.00	-1,148.00
2006	109	2005-12-14 8:C	2005-12-18 1	328.00	001	豪单		.00	656.00	-1,148.00
2007	110	2005-12-14 8:C	2005-12-18 1	328.00	001	豪单		.00	656.00	1,148.00
2008	112	2005-12-17 5:5	2005-12-18 1	328.00	001	豪单		.00	.00	-492.00
2009	113	2005-12-17 5:5	2005-12-18 1	328.00	001	豪单		.00	.00	-492.00
2010	114	2005-12-17 5:5	2005-12-20 1	328.00	001	豪单		.00	.00	-492.00
合计										-8,856.00

五、房租收入表

按营业日统计当天的房租收入，包括日租、加床和夜租。不论是自动生成的还是手工计入的都统计。

注意：夜核过程中会生成房租，夜核完成后就是新的营业日期了，夜核后如果要查询夜核生成的房租，应该将营业日期调整为当前营业日的前一日进行查询。

房租收入表

营业日期：2005-12-16　　　　打印时间：2005-12-17 07:00

房号	账号	客人姓名	抵店日期	离店日期	房价代码	实际房价	折扣率	房租	附加费	记账科目	过租时间	营业日期	备注
房租													
2001	105	[illegible]	2005-12-14	2005-12-18	001	328.00	100.00	328.00	.00	房租	2005-12-17	2005-12-16	
2003	107	[illegible]	2005-12-14	2005-12-18	001	328.00	100.00	328.00	.00	房租	2005-12-17	2005-12-16	
2005	108	[illegible]	2005-12-14	2005-12-18	001	328.00	100.00	328.00	.00	房租	2005-12-17	2005-12-16	
2006	109	[illegible]	2005-12-14	2005-12-18	001	328.00	100.00	328.00	.00	房租	2005-12-17	2005-12-16	
2007	110	[illegible]	2005-12-14	2005-12-18	001	328.00	100.00	328.00	.00	房租	2005-12-17	2005-12-16	
笔数：	5						小计：	1,640.00	.00				
日租													
3022	111	[illegible]	2005-12-16	2005-12-16	002	.00	100.00	33.00		日租	2005-12-16	2005-12-16	
3022	111	[illegible]	2005-12-16	2005-12-16	002	.00	100.00	268.00		日租	2005-12-16	2005-12-16	
笔数：	2						小计：	301.00					
总计：	7						合计：	1,941.00	.00				

六、押金异动表

按账号记录押金的变动情况。如对押金记录做了冲减，或对押金记录进行了转账操作，都会记录在此报表中。

押金异动明细表

营业日期：2005-12-17　　　　打印时间：2005-12-17 12:58

房号	账号	客人姓名	记账时间	押金金额	班次	操作员	单据号	营业日期	备注
2008	112	[illegible]	2005-12-17	500.00	A	超级用户		2005-12-17	
2009	113	[illegible]	2005-12-17	2000.00	A	超级用户		2005-12-17	转出：目标账号=114；
2010	114	[illegible]	2005-12-17	1000.00	A	超级用户		2005-12-17	
2008	112	[illegible]	2005-12-17	500.00	A	超级用户		2005-12-17	冲减：144;112;2008
合计				3000.00					

七、挂账客人报表

统计客人挂入协议单位的账务明细情况。

注意：前面提到过，GoldenKey4.0 中的挂账操作，并不是指将某一笔消费账目转到某个协议单位上。这里的挂账实际上是一种结算方式（也就是付款方式），实际上就是相当于从某个协议单位上预借一笔钱。

挂账客人表

营业日期：2008-02-19 至 2008-02-21　　　　打印时间：2008-02-21 09:53:17

账号	房号	客人姓名	身份证号码	协议房价	挂账金额	协议单位名称	协议编号
145	502	新客人		￥280.00	200.00	[illegible]	TA001
145	502	新客人		￥280.00	360.00	[illegible]	TA002
146	506	新客人2		￥280.00	4200.00	[illegible]	BW001
146	506	新客人2		￥280.00	3800.00	[illegible]	BW002
合计					8560.00		

八、账户余额统计报表

统计在住（团体主账、团体客账、散客客账）及未结辅助账户的消费总额、付款总额及余额。包括已结未退和已退未结账户。

账户余额统计表

营业日期：2005-12-17

账号	类别	房号	客人姓名	抵店日期	离店日期	房价	折扣额	消费总额	付款总额	余额	备注
在住客人											
105	A	2001	[illegible]	12/14 08:07	12/18 12:01	328.00	100%	656.00	.00	-656.00	
107	A	2003	[illegible]	12/14 08:07	12/18 12:01	328.00	100%	656.00	2100.00	1444.00	
108	A	2005	[illegible]	12/14 08:07	12/18 12:01	328.00	100%	656.00	2000.00	1344.00	
109	A	2006	[illegible]	12/14 08:07	12/18 12:01	328.00	100%	656.00	.00	-656.00	
110	A	2007	[illegible]	12/14 08:07	12/18 12:01	328.00	100%	656.00	.00	-656.00	
112	A	2008	[illegible]	12/17 05:54	12/18 12:01	328.00	100%	408.00	.00	-408.00	
114	A	2010	[illegible]	12/17 05:58	12/20 12:01	262.40	80%	0.00	3000.00	3000.00	
104	B		[illegible]	12/14 08:06	12/18 12:01	.00	100%	1640.00	.00	-1640.00	
小计	8笔							5328.00	7100.00		
合计	8笔							5328.00	7100.00		

九、已结账账户明细表

统计当前营业日期进行结账的客人的所有账务明细情况。

已结账账户明细表

营业日期：2005 12 8　　　　打印时间：2005 12 08 10:37

房号	客人姓名	抵店日期	离店日期	每天房价	折扣率	记账科目	消费金额	付款金额	班次	收银员	备注
	[illegible]	2005 11 28 12:32	2005 12 08 06:32	.00	100.00	押金人民币	.00	4,400.00	B	徐荷燕	
	[illegible]	2005 11 28 12:32	2005 12 08 06:32	.00	100.00	中餐	330.00	.00	B	徐荷燕	
	[illegible]	2005-11-28 12:32	2005-12-08 06:32	.00	100.00	人民币	.00	-4,070.00	A	超级用户	
小计：							330.00	330.00			
3022	[illegible]	2005-12-08 06:23	2005-12-08 06:25	268.00	100.00	日租	268.00	.00	A	超级用户	
3022	[illegible]	2005 12 08 06:23	2005 12 08 06:25	268.00	100.00	人民币	.00	268.00	A	超级用户	
小计：							268.00	268.00			
3030	[illegible]	2005 12 08 06:24	2005 12 08 06:26	268.00	100.00	日租	268.00	.00	A	超级用户	
3030	[illegible]	2005 12 08 06:24	2005 12 08 06:26	268.00	100.00	人民币	.00	268.00	A	超级用户	
小计：							268.00	268.00			
总计：							866.00	866.00			

十、收银员入账明细表

按收银员分组统计各个收银员当班期间发生的账务明细情况。可单独查询某一个收银员的当班情况。

收银员入账明细表

营业日期：2005-12-15　收银员：*　　　　打印时间：2005-12-15 09:38

收银员	账务类别	记账科目	房号	账号	客人姓名	记账时间	单据号	班次	消费金额	付款金额	营业日期
超级用											
	结算	人民币	1033	103	[illegible]	2005-12-1		A	0.00	338.00	2005-12-15
	消费	房租	2002	106	[illegible]	2005-12-1		B	328.00	0.00	2005-12-15
	消费	香蕉荚心饼	2002	106	[illegible]	2005-12-1		B	6.00	0.00	2005-12-15
	转账	房租	2001	105	[illegible]	2005-12-1		B	328.00	0.00	2005-12-15
	转账	房租	2003	107	[illegible]	2005-12-1		B	328.00	0.00	2005-12-15
	转账	房租	2005	108	[illegible]	2005-12-1		B	328.00	0.00	2005-12-15
	转账	房租	2006	109	[illegible]	2005-12-1		B	328.00	0.00	2005-12-15
	转账	房租	2007	110	[illegible]	2005-12-1		B	328.00	0.00	2005-12-15
小计	8								1974.00	338.00	
合计	8								1974.00	338.00	

十一、收银员入账统计表

只是将收银员入账明细表的明细项目合并统计。可按班次及收银员组合查询，不选择班次及收银员则默认查询全部。

此报表可以作班次交接时的报表。如果某收银员的当次是跨营业日期的（也就是说当班期间经过了夜核），则需要打印两张报表，即前一营业日的入账明细表和当前营业日的入账统计表。

例如：收银员张某　上班时间：2005－12－14　22：00

夜核时间：2005－12－15　03：50

下班时间：2005－12－15　06：00

则这个收银员当班期间完整的入账统计就需要查询：

（1）营业日期：2005－12－14　收银员：张某

（2）营业日期：2005－12－15　收银员：张某

收银员入账统计表

营业日期：2005-12-15　班次：＊　收银员：＊　　打印时间：2005-12-15 10:00

收银员	类别	营业日期	记账科目	笔数	消费金额	付款金额
超级用户（A						
	结算	2005-12-15	人民币	1	.00	338.00
小 计				1	.00	338.00
超级用户（B						
	消费	2005-12-15	房租	1	328.00	.00
	消费	2005-12-15	香蕉夹心饼	1	6.00	.00
	转账	2005-12-15	房租	5	1,640.00	.00
小 计				7	1,974.00	.00
合 计				8	1,974.00	338.00

十二、收银交接报表

用于收银员交接班次之用，记录每个收银员及班次的消费和结算统计，并提供“应交款小计”，方便操作员进行班次交班时核对交接金额。

收银交接报表

2007-08-20 11:31:11

【交班项】	【交班值】	【备注】
【日期】	2007-08-25	
【班次】	A	
【收银员】	超级用户	
【上班时间】	2007-08-25 10:10	
【下班时间】	2007-08-20 11:19	
【消费入账明细】	0.00	
【期初备用金】	0.00	
【上期结转金额】	0.00	
备用金	0.00	
【本期收入金额】	1020.00	
其中【押金】	0.00	
【其他收款】	1020.00	
【退款】	0.00	
人民币	1020.00	
【抹零金额】	0.00	不参与任何计算
【上交收入额】	1020.00	手工填入
人民币	1020.00	
【结转下班次金额】	0.00	备用金+本期收入额-上交收入额
【结单情况】		
结单个数	0	
结单金额	0.00	
本日结单金额	0.00	

收银员: 接班员: 审核员:

十三、危险转账报表

记录发生过两次以上转账操作（也就是涉及3个以上账户）的账目，并跟踪其转账路径。

危险转账表

起始日期：2005-12-17　结束日期：2005-12-17

源账号	源客人名	源房号	目标账号	目标客人名	目标房号	转账次数	记账科目	消费金额	付款金额	发生日期	转账路径
114	[illegible]	2010	108	[illegible]_4	2005	3	押金人民	.00	1000.00	05/12/15	[illegible][2010]->[illegible]-1[2001]->李思洁_3[2

十四、客人换房调价报表

记录所有更换房间以及调整房价的操作。

客人换房调价报表

营业日期：2005-12-10　　打印时间：2005-12-10 09:33

账号	客人姓名	抵店时间	离店时间	原房号	新房号	原房价	新房价	换房时间	接待员	备注
136	asd	2005-12-10	2005-12-11	1026	1015	328.00	328.00	2005-12-10	超级用户	客人换房:原房间空调漏
136	asd	2005-12-10	2005-12-11	1015	1015	328.00	348.00	2005-12-10	超级用户	调整房价:变更房类

十五、冲减/退账明细报表

记录以下两种情况：

（1）对账目进行了“冲账”操作；

（2）计入了为负值的消费项目，如：酒水 -188。

冲减/退账明细报表

营业日期：2005-12-17　　打印时间：2005-12-17 10:38

账号	房号	客人姓名	记账科目	记账时间	消费金额	付款金额	收银员	班次	单据号	收银备注
冲减										
112	2008	[illegible]	押金人民	12/17 7:30	0.00	500.00	超级用户	A		
112	2008	[illegible]	押金人民	12/17 12:49	0.00	-500.00	超级用户	A		冲减：144:112:2008
小计	2笔					0.00		0.00		
退帐										
108	2005	[illegible]	特醇五叶	12/17 10:33	-23.00	0.00	[illegible]	A		
小计	1笔					-23.00		0.00		
合计	3笔					-23.00		0.00		

十六、酒店日营业明细报表

按账号分组统计每个账号在所选择的时间段中发生的账务明细。

酒店日营业明细表

起始日期：2005 12 15　结束日期：2005 12 15　　打印时间：2005-12-17 11:07

项目编号	项目名称	英文名称	房号	入账时间	单据号	班次	收银员	消费金额	结算金额	备注
账号：	103	[illegible]								
020101	人民币	RMB	1033	2005 12 15		A	超级用户	.00	338.00	
小计								0.00	338.00	
账号：	105	[illegible]								
010101	房租	Rents	2001	2005 12 16		B	[illegible]	328.00	.00	
小计								328.00	0.00	
合计								**328.00**	338.00	

十七、酒店日营业统计报表

统计所选择的时间段内，酒店所有发生过的账务记录的汇总。

酒店日营业统计报表

起始日期：2005-12-17　结束日期：2005-12-17　　打印时间：2005-12-17 12:11

分类	记账编码	项目名称	英文名称	消费金额	结算金额	笔数	余额
		期初金额		6757.00	1837.00	30	4920.00
D	010105	日租	Day Use	656.00	0.00	2	656.00
D	010106	加床	Extra Bed	80.00	0.00	1	80.00
D	01070607	经典硬双喜		18.00	0.00	1	18.00
D	01070610	特醇五叶神		-23.00	0.00	1	-23.00
C	020101	人民币	RMB	0.00	1192.00	4	-1192.00
C	020104	押金人民币		0.00	3000.00	4	-3000.00
C	020401	挂账	G.ACC	0.00	4100.00	3	-4100.00
		本期发生		731.00	8292.00	16	-7561.00
		期末余额		7488.00	10129.00	46	-2641.00

十八、管家部消费汇总表

按消费项目汇总统计每种项目的销售量和销售总额。

管家部消费汇总表

开始日期：2008-02-21 结束日期：2008-02-21　　打印时间：2008-02-21 10:10:00

	单位	数量	单价	金额
罐装啤酒	罐	20	￥ 10.00	￥200.00
罐装可乐	罐	13	￥ 8.00	￥104.00
鲜橙多	罐	8	￥ 5.00	￥40.00
桶装方便面	桶	30	￥ 5.00	￥150.00
鱿鱼丝	袋	3	￥ 15.00	￥45.00
合计		**74**		**￥539.00**

十九、管家部消费明细表［按房间］

按房间分组统计所有通过“管家部入账”功能计入的消费项目明细。

管家部消费明细表

起始日期：2008-02-21　结束日期：2008-02-21　　打印时间：2008-02-21　10:08

编号	项目名称	数量	单价(元)	金额(元)	酒水员	入账时间
房号：　502						
账号：145						
01030102	罐装可乐	3	8.00	24.00	超级用户	2008-02-21
01030101	罐装啤酒	20	10.00	200.00	超级用户	2008-02-21
01030103	鲜橙多	3	5.00	15.00	超级用户	2008-02-21
01030202	鱿鱼丝	3	15.00	45.00	超级用户	2008-02-21
小计	**4**	**29.00**		**284.00**		
合计	**4**	**29.00**		**284.00**		
房号：　506						
账号：146						
01030102	罐装可乐	10	8.00	80.00	超级用户	2008-02-21
01030201	桶装方便面	30	5.00	150.00	超级用户	2008-02-21
01030103	鲜橙多	5	5.00	25.00	超级用户	2008-02-21
小计	**3**	**45.00**		**255.00**		
合计	**3**	**45.00**		**255.00**		

二十、管家部消费明细表［按项目］

按项目分组统计所有通过“管家部入账”功能计入的消费项目明细。

管家部消费明细表

起始日期：2008-02-21　结束日期：2008-02-21　　打印时间：2008-02-21 10:12

房号	客人姓名	数量	单价(元)	金额(元)	酒水员	入账时间
01030101. 罐装啤酒						
502	新客人	20	10.00	￥200.00	超级用户	2008-02-21 10:09
小计		**20**		**￥200.00**		
01030102. 罐装可乐						
502	新客人	3	8.00	￥24.00	超级用户	2008-02-21 10:09
506	新客人2	10	8.00	￥80.00	超级用户	2008-02-21 09:47
小计		**13**		**￥104.00**		
01030103. 鲜橙多						
506	新客人2	5	5.00	￥25.00	超级用户	2008-02-21 09:47
502	新客人	3	5.00	￥15.00	超级用户	2008-02-21 10:09
小计		**8**		**￥40.00**		
01030201. 桶装方便面						
506	新客人2	30	5.00	￥150.00	超级用户	2008-02-21 09:47
小计		**30**		**￥150.00**		
01030202. 鱿鱼丝						
502	新客人	3	15.00	￥45.00	超级用户	2008-02-21 10:09
小计		**3**		**￥45.00**		

二十一、报表中心

可在此设置所有报表的样式。如更改字段名，列的对齐方式、列宽、左右边距、横向及纵向显示、调整字段的排序、隐藏某一个或某几个字段。

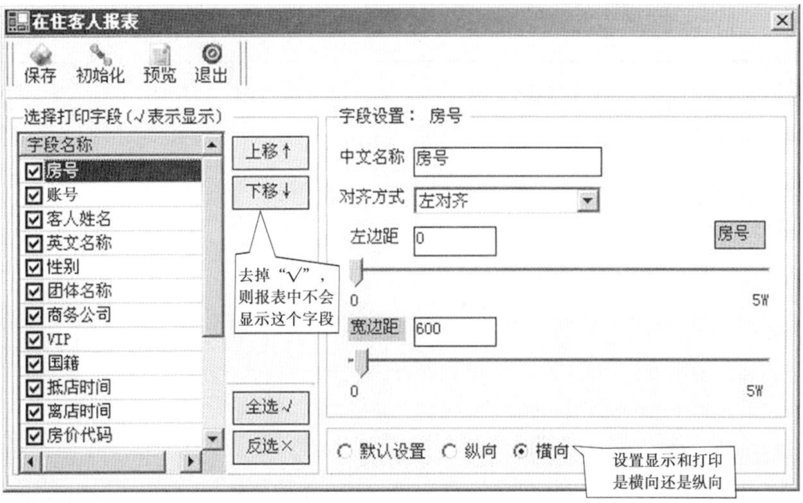

单元实训　团队结账

情景描述

本情景中，学生扮演前台收银人员，以编号“A01”进行登录。

4 月 22 日，茂安旅行社的 DJ－02 旅游团按计划离店。导游张茜来到前台为该团队办理退房手续。旅游团所有成员在店期间的房费和早餐费由旅行社负担，其他消费由个人负担。除房费和早餐费外，这个团队的 3208 房间餐饮消费 210 元为额外消费。

实训要求

1. 快速登录金锁匙酒店管理信息系统的收银界面。
2. 快速为旅行社团队结账。
3. 快速为旅行社团队成员单独消费办理结账。

综合评价

评价项目	评价标准	个人评价	相互评价	教师评价
操作方法	启动金锁匙管理系统			
	收银工作准备			
	正确运用各种功能键			
操作过程	为旅行社团队办理结账操作准确			
	为团队中客人单独结账操作准确			
操作速度	完成操作的工作效率			
个人感悟				

A. 优　B. 良　C. 一般　D. 有待进步

学习情境二　食为天餐饮管理系统

第一单元　餐厅前台营业

●学习目标

1. 能够利用食为天餐饮系统完成餐厅开台工作；
2. 能够利用食为天餐饮系统完成餐厅点菜和跟单工作；
3. 能够利用食为天餐饮系统完成餐厅地哩传菜工作。

学习任务一　开台

任务引入

5 月 20 日晚，李宁和同事 5 人来到酒店餐厅用餐，由服务员为他们办理开台手续。

5 月 21 日是周刚的生日，当天周刚约了十几个朋友到餐厅吃饭庆祝，服务员按客人要求为他们选择台位，并开了两张宴席台。

任务分析

1. 5 月 20 日，餐厅服务员为李宁及其同事开一张台。
2. 5 月 21 日，餐厅服务员为周刚及其朋友开两张宴席台。

知识链接

1. 登录

点击“登录”按钮，在前台登录界面中录入登录号，录入密码，点击“登录”。

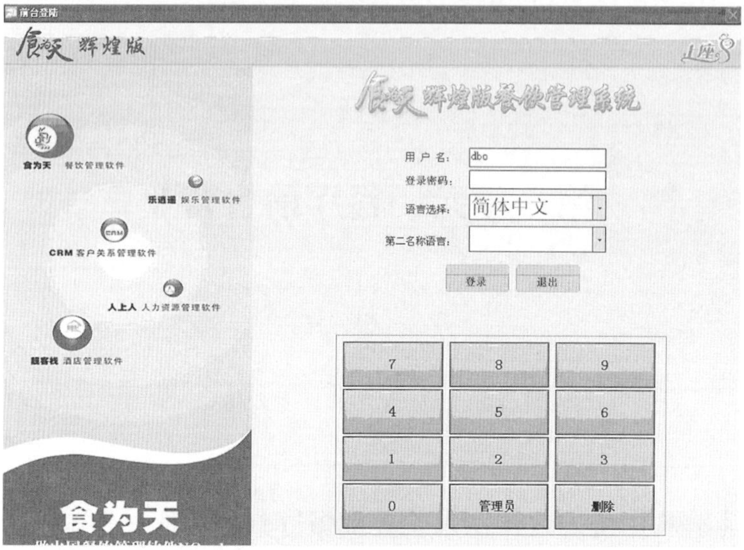

登录号及密码通过系统检验，进入前台系统。

2. 退出

当前操作员点击“退出”按钮，退出前台系统。

3. 前台导航

（1）导航主界面：前台主界面显示楼面状况。

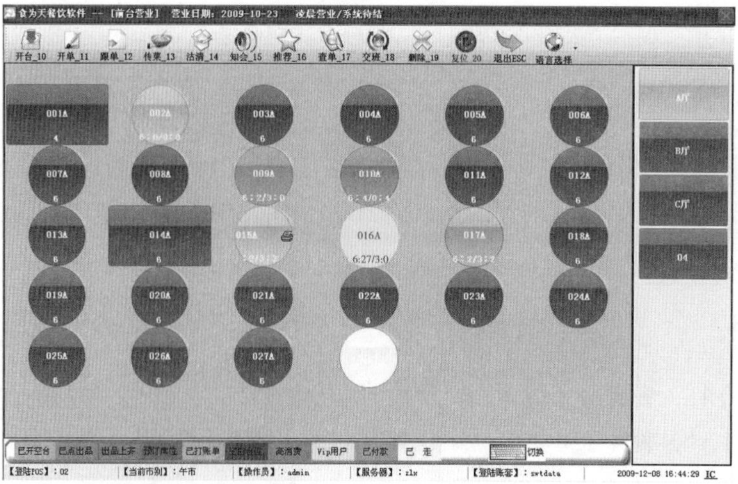

（2）区域划分：右区域列出各厅、楼的图标，可选择厅楼；主界面显示所选择的厅楼各餐台或包房的当前状况；上端功能按钮，选择相应的台位后可完成的所有业务功能。

标注说明：

台房空闲标注：台房为黄色（自定义），表示此台闲置。

台房进餐标注：淡绿色（自定义）表示已开台，未点菜；绿色（自定义）表示已点菜，菜未上齐；深绿色（自定义）表示菜已上齐。

预定标注：当有预定时，台房图标第一行显示预定时间及预定客人名称。当预定时间所属市别开市时，预定标注生效；当此市别结束或将预定单“订单状态”改为“完成”时，预定标注取消。

进餐客人姓名标注：开台时录入客人姓氏，台房图标第一行以红色显示正进餐客人姓名。搭台时不显示客人姓名。

搭台标注：台房图标左上方以“搭－n”表示此台搭台，搭台数为 n。

人数及上菜情况标注：“N：N1/N2：N3”，N 表示餐位数；N1 表示当前进餐人数；N2 表示未上菜数；N3 表示已上菜数。

宴席标注：以黄色标注宴席台房，宴席各台房图标注有“席”为宴席的主台，主台用于下单及结账。

高消费标注：客人消费超过参数设置中的高消费限额则自动标注为高消费，并以“G”符号表示。

VIP 消费标注：消费客人为贵宾时标注台位状态为“VIP”状态，方便特别服务。

其他标注：已付款，已走分别表示此消费单已经付款；已走提示服务人员及时清台。

以上标注均可自定义名称和颜色。

完成任务

开台：用于给客人分配台卡号、录入客人人数安排位子。

（1）功能描述：客人入座后，咨客或其他人员“开台”操作，录入台卡及客人的相关信息。一张台可开多张卡。

开台分“开席”和“开台”：开台指一张卡对应一张台，开席指一张卡对应多张台。

（2）操作说明：选择客人落座的台房，点击“开台”按钮，打开“开台”界面。

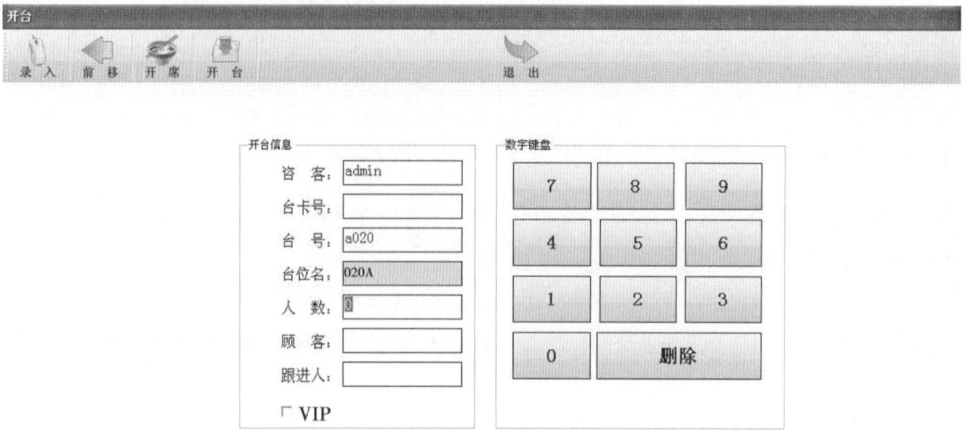

当所选台房不正确时，录入台号，咨客不为当前操作人员时，点“咨客”录入框，选择咨客。

录入“台卡号”、“进餐人数”。需要标注顾客姓名时，选择相应的顾客姓名，需要标注此桌消费者的服务人员时，选择跟进人；需要标注此桌消费者为重要服务对象，标注VIP，所需信息录入完成后，点击“开台”按钮，确定开台操作，搭台操作时，给出搭台提示。

（3）开席：选择主席，点击“开台”按钮，显示“开台”界面，点击“开席”按钮，弹出“选择宴席台号”窗口，选出宴席单所开的所有台，点击“确定”开席。

注：只可以在“主席”上加单、结账，如果选择宴席的非主席加单，系统会认为另开一张单。

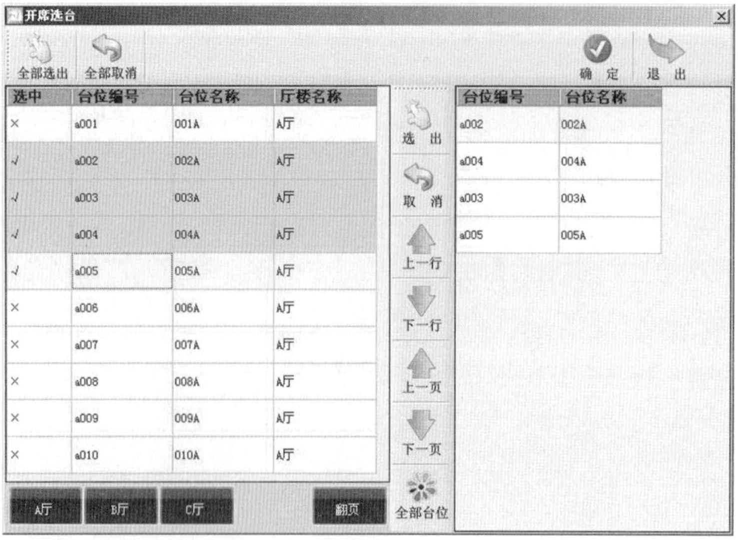

学习任务二　开单与跟单

任务引入

李宁和同事坐下来后，由服务员为其开单点菜。经过服务员的推荐及李宁自己的考虑，点了如下菜品和酒水：桂花鱼、竹节虾、一品脆皮鸡、梅菜扣肉、鸿运乳猪、客家香炖鸡、卤水鸡翅，还有可口可乐5支。点餐后，客人要求把梅菜扣肉换成白切鸡。

任务分析

1. 将客人所点菜品录入系统。
2. 点餐后，根据客人要求把梅菜扣肉换成白切鸡。

知识链接

点菜时注意的事项：

1. 在记录客人点菜时，要先询问主人是否可以点菜，得到明确答复后再依次进行。
2. 向客人推荐菜肴时，语言要注意简明具体，要使用建议性语言。
3. 为客人点菜时要注意提醒客人菜品的计价单位，大部分菜品以例为单位，个别菜品如时令海鲜等，需复称出售。
4. 一定要询问客人有无忌口。
5. 最后要把客人点的菜品全部进行复述，请客人确认后，方可录入。

完成任务

1. 开单

录入客人所点的出品。客人在进餐过程中可能多次加点菜品，加菜后，服务人员使用“开单”功能将所点出品录入，下单到出品制作点，并将出品增加到客人的消费单中。加单操作是前台系统主要的功能，使用频率最高。为保障前台运作的速度，适应各种操作人员的需求，加单功能提供触摸屏、鼠标以及键盘等多种操作方式。

（1）出品录入方式：“Home”键与“End”键用于键盘操作与触摸操作间的切换。“Page up”键与“Page down”键用于做法与品注的键盘切换。本机设置键盘录入或者触摸录入模式后，可使用“Home”与“End”键完成键盘触摸灵活切换，全键盘操作。任何窗口的标题栏均可调出辅助键盘，方便客户录入。

（2）界面区域：选择需要加菜的台位，如有搭台情况，选择加菜的消费单，点击“开单”按钮，进入“加单”界面。“加单”界面分为六个区域：主选区、次选区、畅销出品区、出品列表区、信息区、功能键区。主选区显示各选择界面的首选项。次选区显示主选区的选择结果项。畅销区显示选择频率最高的前 n 个出品，显示数量由参数设置中的“显示热门菜的最大数量”控制。出品列表区列出已选定的出品信息。包括出品的单位、数量、单价、品注、单注、当前所选出品总价等。信息区列出本单据已经下单出品信息。

功能键区列出“加单”界面的所有功能。包括增加、减少、数量、品注、单注、套餐换菜、改价、删除、赠送、消注、已点出品、出品、套餐、宴席、做法、销售人、新单。

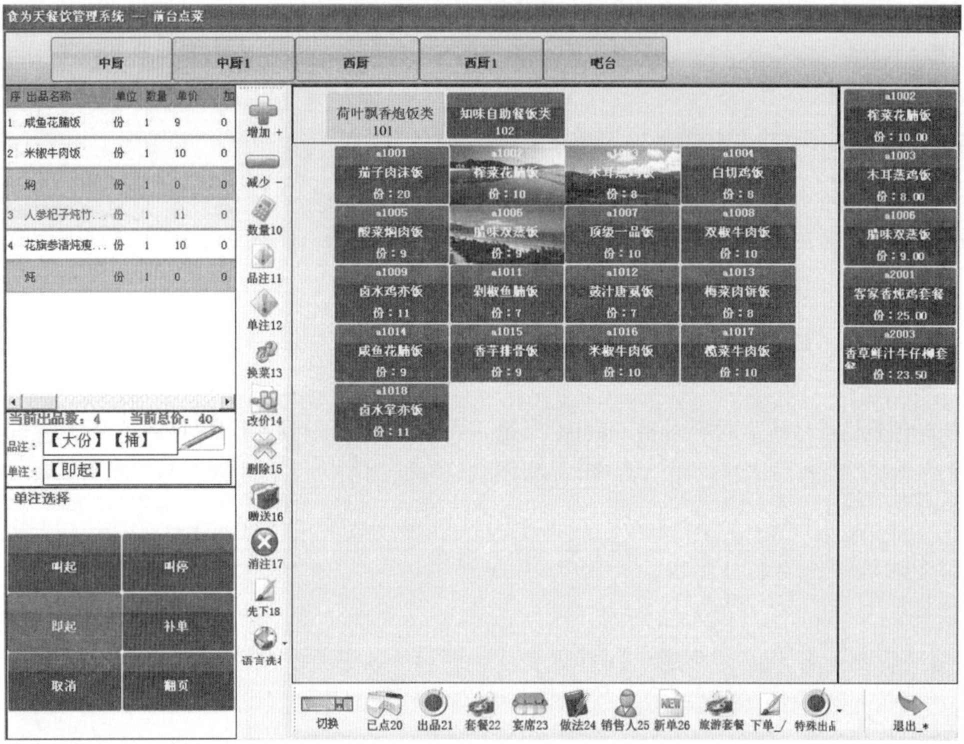

（3）操作：出品录入是加单功能中使用频率最高的功能，为适应于用户的不同需求，系统提供标准选择方式和出品代码录入方式两种。

在“标准选择方式”中，针对不同的用户，系统提供多种选品模式：

厨点\小类\出品（三级备选）；大类\小类\出品（三级备选）；厨点\小类\出品；大类\小类\出品；厨点\出品；大类\出品；小类\出品。

以下说明采用“厨点\小类\出品”模式。

标准选择方式操作：“开单”或“加单”默认进入点单界面。点击“出品21”或键入“21”进入出品选择界面，主选区显示可选厨点。

使用键盘或点击“厨点”按钮选择厨点，次选区显示此厨点制作出品类别。

使用键盘或点击“小类”按钮选择类别，次选区显示此类别所包含的出品。

使用键盘或点击“出品”按钮选择出品。

出品代码录入操作：点单界面，单击“Home”键则切换到代码录入模式。代码或汉字模糊查询出品，↑↓选择或“Space”键选择出品，回车键确认选中。

“Page up”与“Page down”键分别切换到代码录入选择做法和品注界面。

录入注意事项：如果当前出品或做法有两个及以上厨点加工，系统弹出“制作厨点选择”窗口，由操作人员选择制作厨点。

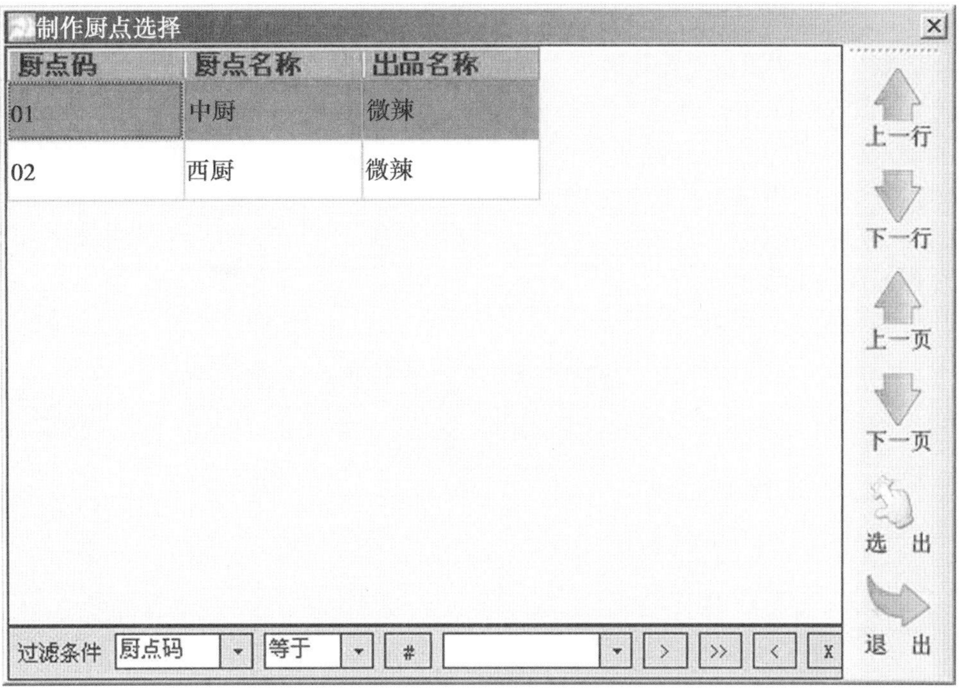

如果出品为二级出品，则单注区域显示例牌出品。如果出品自带做法，则选择出品后自动切换到做法选择界面，单击“返回”按钮或选择已选出品则可返回到出品选择界面。

出品单价、做法价格、例牌价格均可改价。点击“改价 14”按钮，点单界面可提前赠送出品。

可通过“先下”提前下单但不用退出点单界面。可在开单界面切换功能语言。但不影响软件的整体显示语言。

套餐显示：点击“套餐 22”按钮，主选区显示套餐品种。

在主选区选择套餐类别，次选区显示套餐名，最后在选择区域选择套餐明细组成。套餐组成分为固定出品及可选出品。固定为默认选中出品。可随时取消选中。

套餐录入：使用标准选择方式的触摸式选择出品，出品变色，表示选定；对当前出品确定数量。

主选区套餐图标下方显示“N/N1”，“N”表示套餐价格；“N1”表示当前套餐固定出品及已选可选出品单价之和。

当“N1”为非零时，套餐按钮变色。表明套餐可以选出。

注：(1) 普通套餐组成出品单价之和等于套餐价格的整数倍时，倍数自动默认为套餐的份数。并且可任意选择组成出品（必须保证倍数条件）。

倍数为1，弹出数量录入框，录入套餐数量。

倍数不为1，系统将此倍数认定为套餐数量，用户不可更改套餐数。

(2) 动态套餐套餐价不固定，套餐明细可定义上限数量，也可定义任意数量。参数设置中启用动态套餐则普通套餐无效，否则默认为普通套餐。

(3) 旅游套餐为限定套餐总价和菜品数量上限的选菜方式提供解决方案。明细菜品不具体定价，由程序自动分配价格。具体分配方式由旅游套餐基本资料定义方式确定。

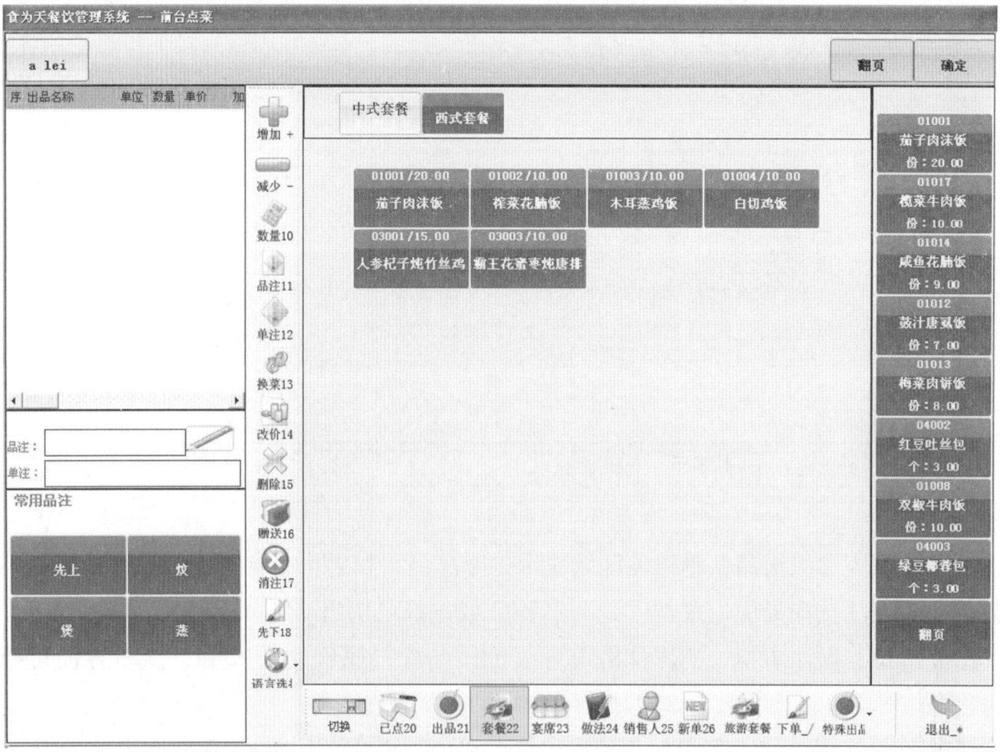

当套餐组成中有某出品可由两个及以上厨点制作时，系统弹出“制作厨点选择”窗品，操作人员选择制作厨点。

数量录入：系统默认所点出品数量为1，当数量不为1时，提供三种方式录入当前出品的数量。

整数增加：点击“增加”按钮，数量加1。

整数减少：点击“减少”按钮，数量减1。

直接录入数量：点击“数量”按钮，弹出“数值录入”窗口，录入出品数量。

删除出品：选定出品，点击“删除15”按钮删除此出品。

修改出品、做法单价：选定出品或做法，点击“改价”按钮，弹出“数值录入”窗口，录入出品价格。

注明出品的销售人：当前选中出品需要统计销售信息，则使用“销售人”功能录入人员，指定菜品的销售人员。点击“销售人”按钮或键入“25”，次选区列出所有操作人员。不同的菜品可选择不同的销售人。

套餐出品更换：客人需要更换套餐中的某组成出品时，选定此出品，点击“换菜”按钮，更换当前套餐组成明细。

更换的出品的单价为原组成出品单价，套餐价格不变。

注：所有套餐（普通、动态、旅游）下单前可排序，如果套餐明细存在做法，则不可移动，通过开单界面的增加、减少来控制位置的更换。

出品品注、做法：给出品增加备注，告知厨部及地哩：品注多为客人对出品的制作方法、上菜顺序、上菜方式、配料等提出的要求；出品可增加多项备注。

选择需加备注的出品，点击“品注”按钮或键入“11”，主选区显示品注类别；点击“做法”按钮或键入“24”则主选区显示做法类别。

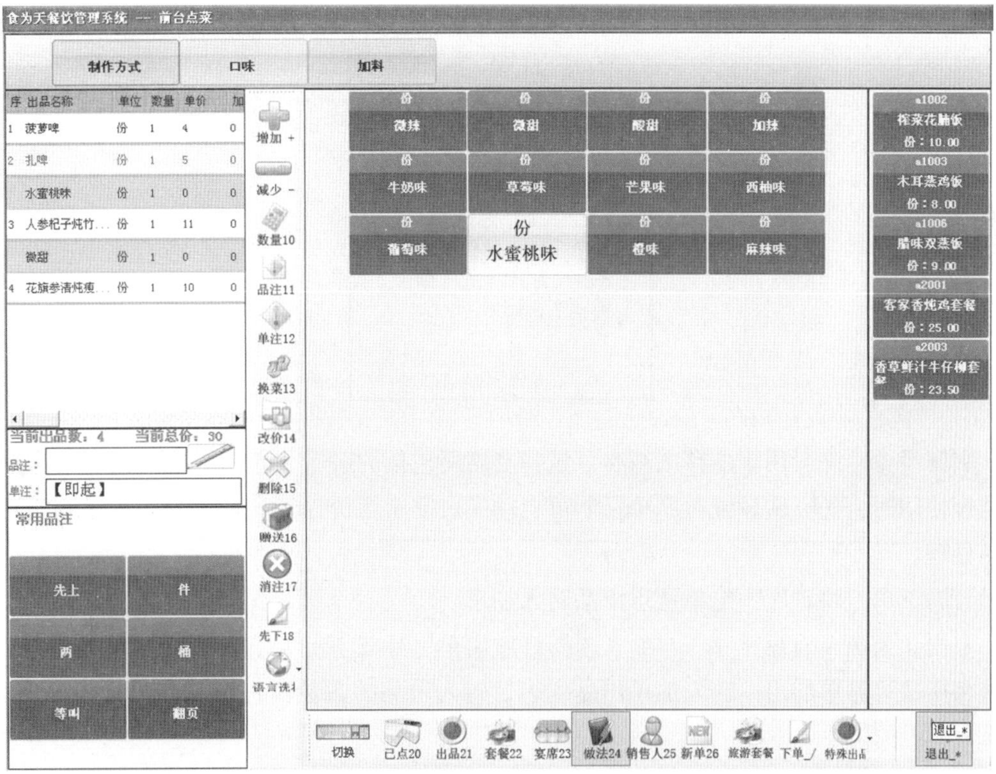

点击所需的品注项或使用“标准选择方式”，信息区的“品注”栏中显示所选品注，此出品已增加品注；选中出品，增加该出品的做法。

如品注选项中无所需的选项，可在信息区“品注”栏中定位光标，录入品注信息。

制作方法定义了做法是否有默认价格。点菜界面选择做法后无论是否存在价格都可以通过改价实现价格修改，改价受权限控制。

套餐做法受参数“套餐出品不允许有多种做法”控制，如果取消选中则套餐出品可增加做法。

取消品注：点击需要取消品注的出品，点击“消注”按钮，或键入“17”。

加单单注：为出品单增加备注，告知厨部及地哩。单注是客人对整张点单或所有出品提出的需求，如整单叫起、叫停、催菜。出品单增加多项单注。

点击“单注”按钮或键入“12”，信息区显示单注项目。

点击“单注”按钮选择某单注，“单注”按钮变色，信息区的单注框显示所选单注，表示单注已选定。再次选中“单注”按钮（自定义色彩），删除此单注。如果单注项目无客人的需求，可在信息区单注框中定位光标，录入单注。

宴席：主要特点是一张点菜单对应多个台房。本系统提供订席单直接转加单，台房单点出品，宴席加台等功能。当存在预定单时宴席功能才能生效。

点击“宴席”按钮，在“宴席功能选择”中选择各功能。

宴席设置：一般用于加台或减台。选择宴席所包括的餐台、包房。宴席设置与席单复制结合使用时，先宴席设置再席单复制可自动完成宴席席价计算。如果顺序相反则按普通出品处理。

订席下单：将订席预定单所点出品转入加单。

点击“宴席\订席下单”，在“选择订席席单”中选择订席单，点击“选出”按钮，系统将所选订席单的出品转入加单出品列表，转入出品的数量由订席单的“数量*席数”计算出。

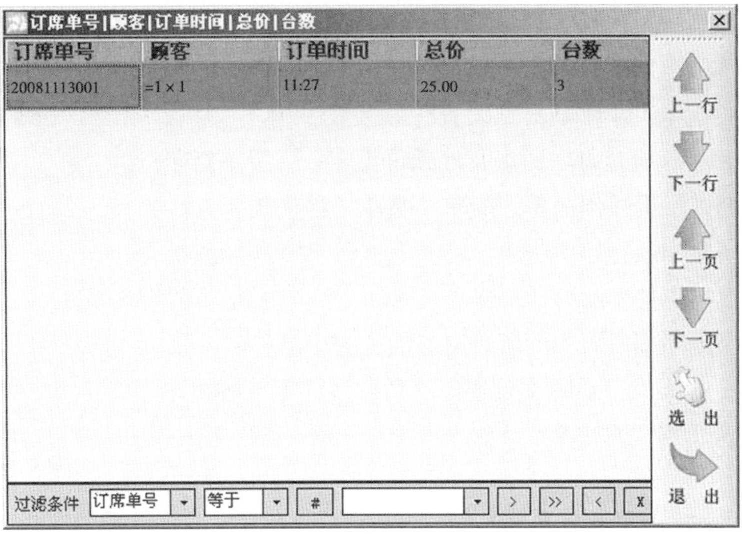

订席下单同样适用于单台（开台）加单。

席单复制：席单复制功能，将宴席单第一次下单的出品转入当前加单，数量默认预定时的单席数量。本功能用于加宴席加台后，复制宴席出品下单。

单品上席：用于部分台房单独加点出品。录入单点出品，或选择已录入的单点出品，点击“宴席\ 单品上席”，次选区显示宴席包括的台房选择上菜的台房，品注项标注台房号。

宴席席数：对选择的宴席单出品进行“出品 * 席数”操作。如果不单击此按钮则下单数按照宴席原始数量。

宴席排菜：宴席排菜只提供预定单，排菜单状态只能手工改变状态。

菜品复制：复制任意台位的菜品，进行出品下单。并可进行出品数量的修改。

出品赠送：选中出品，单击“赠送”。录入赠送数量，选择赠送原因。确定即可实现下单前赠送。

出品改名：提供系统设定参数：前台出品改名。满足随意变更出品名称的需求。

不启用前台出品改名时，出品定义中定义为“T * * ”（出品名称）的出品可以在出品名称栏修改名称，或者双击修改出品名称。

启用前台出品改名，所有出品均可以在前台加单界面的出品名称栏改名，或者双击出品记录改名。

新单：当前点单界面点菜过程中可中断点菜，开新单。新单退出后可继续当前单的操作，并且互不影响。

取消当前加单：点击“取消”按钮，当前加单操作无效，被取消。

特殊出品：通过“特殊出品”功能，在开单界面选择“推荐出品”、“热门出品”、“限售出品”。

键盘：如果要切换到代码录入时，可通过“键盘”切换按钮直接在触摸与键盘录入方式间切换。

下单：当前加单出品打印到厨点及地哩部，并保存加单操作。

下单地点：“营业管理\ 厨点设置”指定的厨点打印机，以及“营业管理\ 地哩设置”指定的地哩打印机。每一厨点及地哩可设定一台下单打印机。

下单单据格式：提供出品单、厨单、整单三种格式。

出品单：每个出品打印一张单。

厨单：一个厨点的出品打印一张单。

总单：一个地哩部所服务的所有厨点加工的出品打印一张单。

注：(1) 一个厨点、地哩部可选择一种或多种下单格式。

(2) 所有分单格式自定义。

2. 跟单

(1) 功能描述：对已下单出品及单据信息处理。

(2) 操作：点击“跟单”按钮，或快捷键“12”打开“跟单”界面。

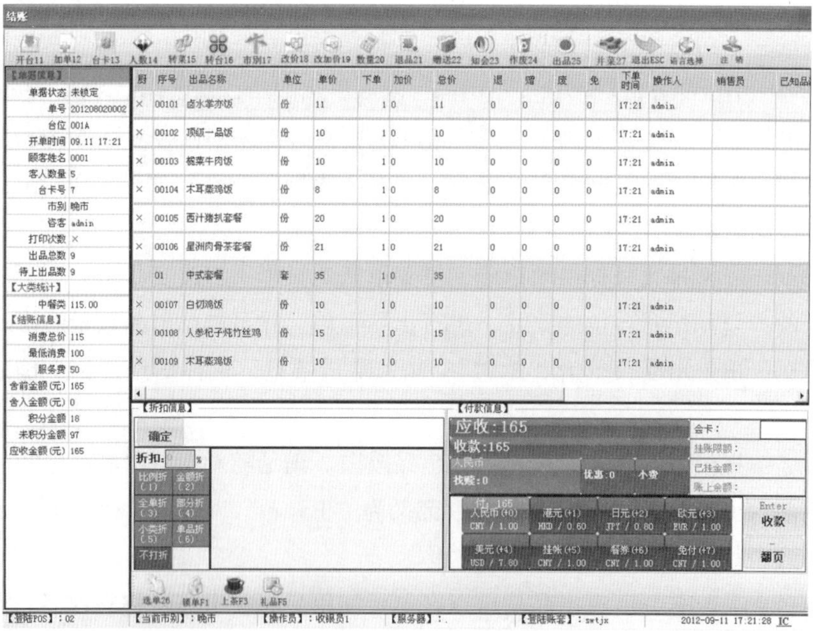

界面左部列出出品单单据信息，右部为出品列表，列出已点出品及出品信息。其中：

“厨”列表示出品是否下单，“√”为下单，“×”为未下单；

“序号”为入厨单的序号，前 n－2 位是加单次数，即表示是第几次加单所点出品；后两位是加菜单中的出品序号，即加菜单的第几个记录，每次加单从“01”排起。如“203”表示第 2 次加单所录入的第三个出品；

“下单”为加菜单中下单时确定的出品数量。

“退”、“赠”、“废”、“免”为退品、赠送、作废、免项的数量。

“已出”为“地哩”标注的上菜数。

“待出”为当前出品仍未上的数量。

“销售员”为“加单”中以“销售员”指定的人员。

“操作人”为“加单”录入的操作人员。

“厨点”为出品的制作厨点。

“已知品注”为已经打印到分单的品注。

“最新品注”为本次下单的最新品注。

“原台位”指转菜的源台位信息。

界面上部显示开台、加单、台卡、人数、转菜、转台、市别、改价、改加价、数量、退品、赠送、知会、作废、并菜等。双击“赠送人”网格，可弹出赠送操作人及赠送数量显示框。鼠标点击任意菜品的“销售员”网格，即弹出批量更改出品销售员的窗口。

★开单：点击“开单”或键入“11”，进入“开单”界面。

★加单（同开单）：点击“加单”或键入“12”，进入“加单”界面，操作同“开单”。

★改卡号：点击“台卡”按钮或键入“13”，修改台卡号、增加 VIP 标注、增加跟进人、增加会卡消费的明细挂账人信息、增加或修改咨客信息。

★人数：点击“人数”按钮或键入“14”，修改已录入的人数。

★转菜：将一个单据号下的某一出品单独转移到另一张台位对应的单据中。点击“转菜”按钮或键入“15”，弹出已开台的所有台房，点击“移入”的台号，双击选择待转移的菜品，“确定”则实现菜品移台。

★转台：转台按钮中包含转台和合台 2 个功能按钮。

●转台：将整个单据号下的所有出品转移到目标台位。点击“转台”按钮，弹出所有可选台房，点击“移入”的台号，确定则实现整单转台。

●合台：将整个单号下的所有出品合并转移到目标台位上。点击“转台”/“合台”按钮或键入“16”，弹出所有可选台房，点击“移入”的台号，“确定”则实现整单合台。

注：转台时，目标台位必须是未开单的空台位，移台后，营业单号不变。合台时，目标台位必须为已开台位，合台后，原单号相当于删单。

★改市别：点击“市别”按钮或键入“17”，显示所有市别，点击“市别”按钮，将出品单当前市别改为所选市别。

★改价：选择需改价的出品或做法，点击“改价”按钮或键入“18”，在“数值录入”窗口录入价格，更改原价格。

不可更改套餐的总价，只可更改套餐组成出品的价格，总价随之改变。

★改加价：出品金额 = 单价 * 数量 + 加价

选择改加价出品，点击“改加价”按钮或键入“19”，在“数值录入”窗口录入加价，更改原加价。

★退品：选择要退的出品，点击“退品”按钮或键入“21”，在“数值录入”窗口录入退品的数量，如数量合理，弹出“请录入［退品原因］”窗口，录入退品原因。

退品操作完成后，相关的厨点及地哩部打印出退品“知会单”，当前行底色更改为淡红，“退”列显示退品数量。

当退品数量录入错误时，可再次退品，退品数量录入负值，即可冲减已退数量。

退品数量不可大于当前出品数量；冲减退品数量不可大于已退数量。

套餐只可退品套餐的组成出品。

★赠送：选择赠送的出品，点击“赠送”按钮或键入“22”，在“数值录入”窗口录入赠送数量，如数量合理，弹出“请录入［赠送原因］”窗口，录入赠送原因。

赠送操作完成后，当前行底色更改为淡红，“赠”列显示退品数量。

当赠送数量录入错误时，可再次赠送，赠送数量录入负值，即可冲减已赠送数量。

赠送数量不可大于当前出品数量；冲减赠送数量不可大于已赠送数量。

套餐只可赠送套餐组成出品。

★作废：选择作废的出品，点击“作废”按钮或键入“24”，在“数值录入”窗口录入作废数量，如数量合理，弹出“请录入［作废原因］”窗口，录入作废原因。

作废操作完成后，当前行底色更改为淡红，“废”列显示退品数量。

当作废数量录入错误时，可再次作废，作废数量录入负值，即可冲减已作废数量。

作废数量不可大于当前出品数量；冲减作废数量不可大于已作废数量。

套餐只可作废套餐组成出品。

★并菜：并菜只在动态套餐启用时有效。

并菜对已经分单的套餐或单独下单的套餐明细重新合并成一个新的套餐。并菜后价格取对应套餐明细的原定价（不保留单独下单时的价格），账单显示新的套餐样式。如下图所示：

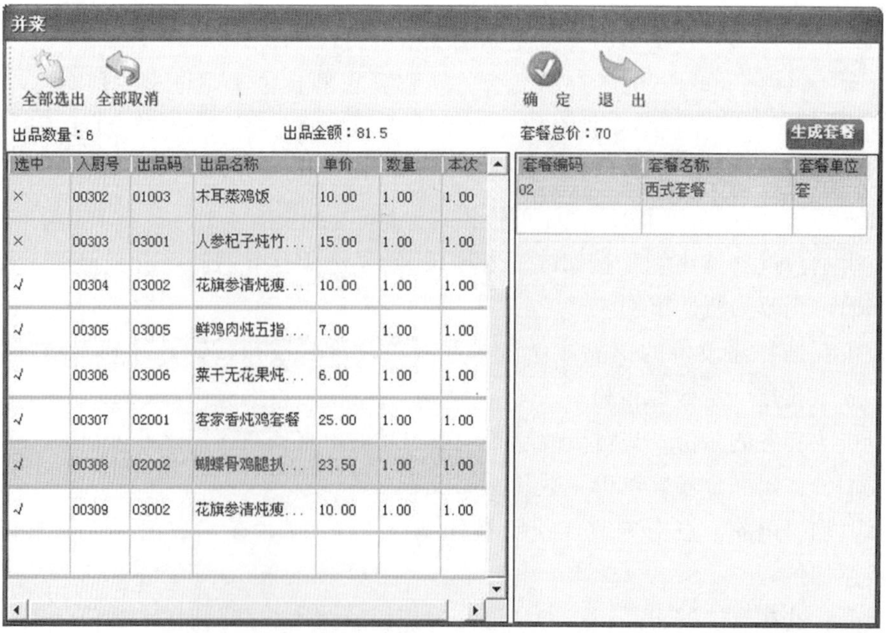

双击选中可合并为同一套餐的套餐或单品，点击“生成套餐”，生成的套餐名称则会显示在右边列表。选中的原始出品数量、原始出品金额合计值，将要生成的套餐总价均显示在窗体上方。确认后点击“确定”即完成并餐。

注：(1) 可对已经单独下单的套餐明细出品合并成动态套餐。

(2) 可对已经下单的套餐或并菜生成的套餐做套餐加菜。

(3) 可对存在的套餐做分解套餐操作。

以上均遵循：如果明细带有做法，则在未赠、退、废时可连做法一起归入套餐。但做法价格不计入套餐，只计入总价，反之则在原处保留；解除并菜时保留解除前的入厨号不变。并菜后价格取对应套餐明细定价，解除并菜后价格取菜品基础定价。

(4) 并菜与解除套餐同用“并菜”权限控制。

(5) 本次选中出品的数量可以自定义。

如果存在套餐编码以 T 开头的临时套餐时，并餐可以将任意单点出品并成套餐价格自定义的临时套餐（临时套餐的套餐编码必须以 T 开头）。

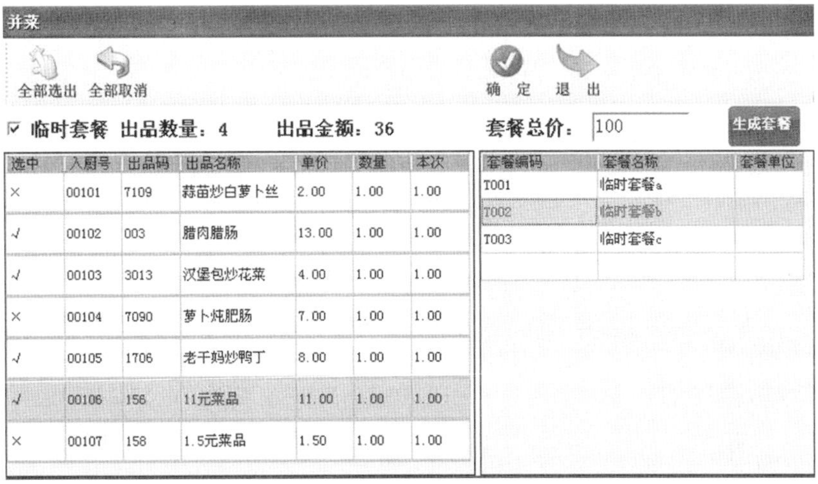

并餐解除必须选中套餐名，再点击右键。点击弹出的“分解套餐”按钮才可成功分解套餐。

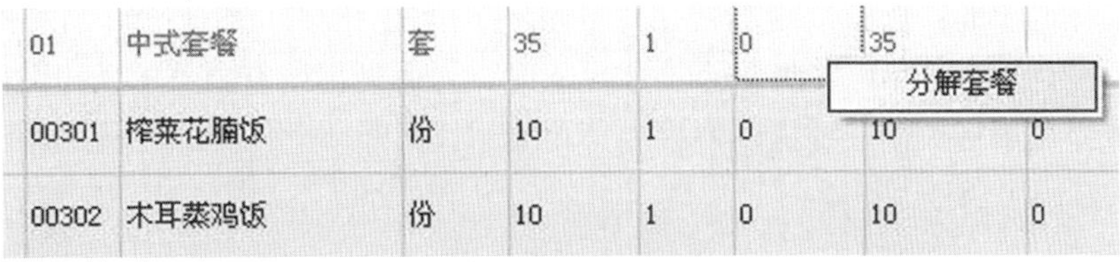

学习任务三　地哩传菜

任务引入

李宁点好菜后，点菜单自动打印到厨房。厨房做好菜后，服务员依次上菜。

任务分析

餐厅服务员为李宁上菜。

完成任务

1. 概述

用于标注出品上台。

2. 功能描述

标注上菜，查看当前未结账单的上菜情况。

上菜单颜色意义：红色（自定义）表示菜未上齐；蓝色（自定义）表示菜已上齐。

当一张点菜单出品全部标注上菜后，前台对应台房变为灰色。

3. 操作

点击“地哩”按钮，打开“地哩传菜”窗口：

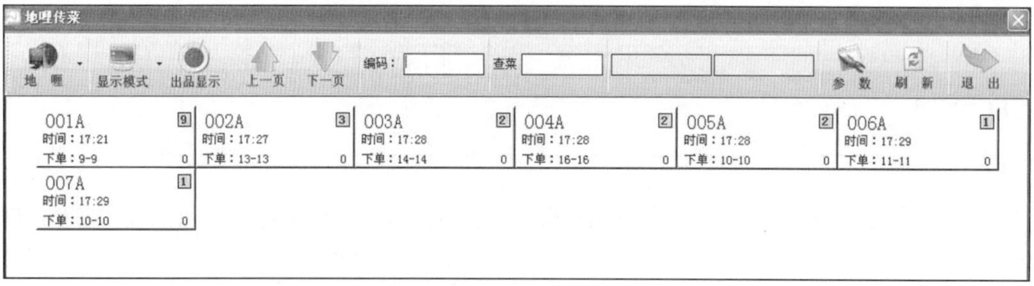

（1）选择地哩部：点击“地哩转换”按钮，当此按钮显示某地哩部名称时，界面显示此地哩部的上菜单；当此按钮显示“总厨”时，界面列出所有上菜单及出品。

（2）选择显示格式：系统提供四种上菜单显示模式。

模式一：标注台号、下单时间、截至目前已下单时间、下单菜数、未上菜数。一屏显示 49 张上菜单。

模式二：除“模式一”标注内容外，并列出下单出品，出品前标“√”表示菜已上，出品前为空表示菜未上。一屏显示 18 张上菜单。

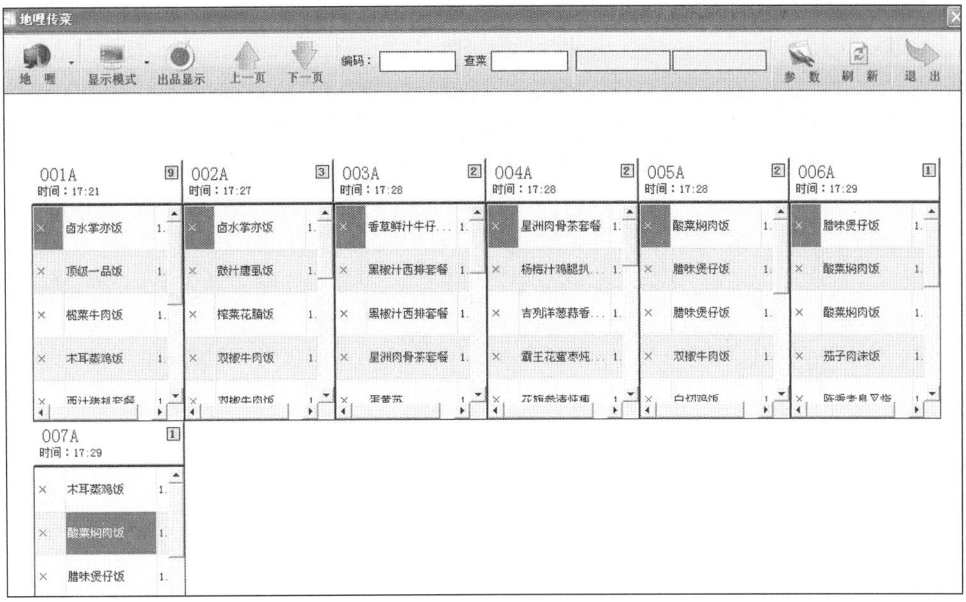

模式三：内容同模式二，一屏显示 8 张上菜单。

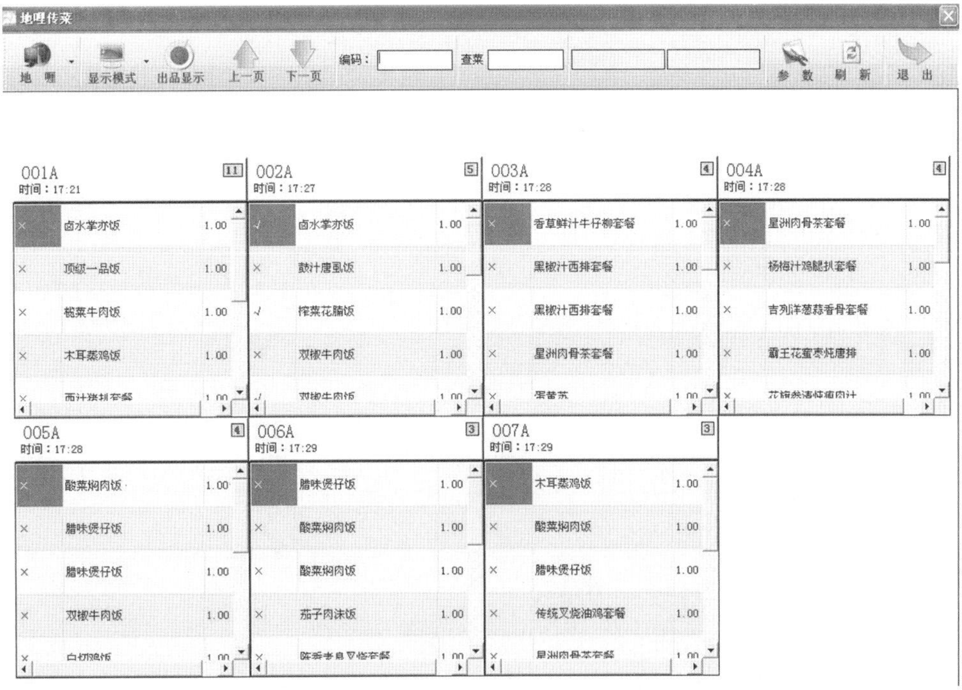

模式四：依据菜品下单时间显示。

注：此显示模式下可实现分单的条码打印功能，条码以“单据号后 8 位 - 入厨号”（入厨号最多 5 位）显示，并在“地哩传菜 - 显示模式 - 网格显示”窗体中可条码扫描。

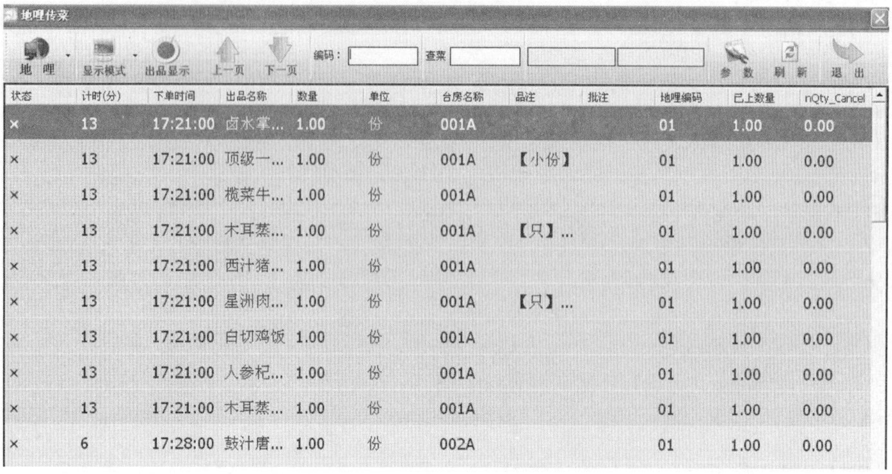

（3）标注上菜：可使用以下三种方式。

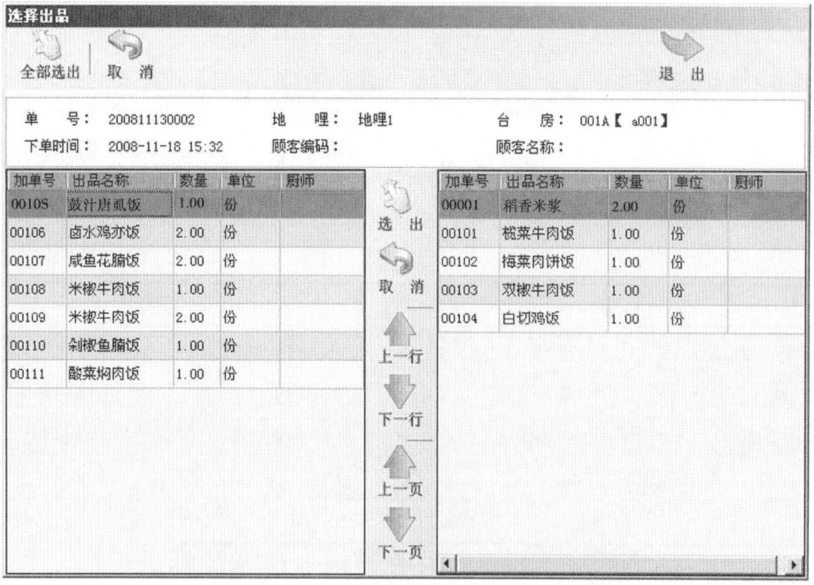

方式一：适用于上菜单模式一及模式二。

点击“出品记录”，在出品已上或待出之间转换。

方式二：适用所有上菜单模式。

点击上菜单的单头区域，弹出标单窗品“待出出品”列表中点击某出品，点击“选出”，此出品列入“已出出品”列表，标注为已出；或点击“全部选出”，所有“待出出品”列表中的出品标注为已出。

标注错误处理：出品已出标注错误，点击“已出出品”列表中该出品，点击“取消”

按钮，此出品列入“待出出品”列表中；或点击“全部取消”，取消所有已出出品的标注，列入“待出出品”。

方式三：录入入厨号。

在“入厨号”录入框中录入出品的入厨号，回车确认，标注上菜；已标注上菜，再次录入入厨号，取消上菜标注。

地哩入厨号由点菜单流水号“非‘0’尾数－入厨号”。如：流水号为“200205010010”，入厨号为“102”的出品记录，地哩入厨号为“101－02”。

（4）出品显示：可选择仅上菜单仅显示未上菜出品或显示所有出品。注：点击“出品显示”按钮，可在两种显示方式间转换。

单元实训　开台点菜

情景描述

本情景中，学生扮演餐厅服务人员，以编号“A01”进行登录。

三位客人到店，“A01”引座开台，台卡号018。

客人首次点菜5个：白切鸡、香芋排骨、剁椒鱼腩、黑椒汁西排套餐，还点了珠江纯生啤酒5瓶，要求冰冻。

点菜后客人要求换菜，黑椒汁西排套餐换成西汁猪扒套餐。

地哩上菜。

实训要求

1. 快速登录食为天餐饮系统。
2. 快速准确地开台及录入菜品。
3. 快速准确地加菜。
4. 快速准确地上菜。

综合评价

评价项目	评价标准	个人评价	相互评价	教师评价
操作方法	启动食为天餐饮系统			
	正确运用各种功能键			
操作过程	菜品录入操作准确			
	加菜操作准确			
	赠送菜品操作准确			
	地哩上菜操作准确			
操作速度	完成操作的工作效率			
个人感悟				

A. 优　B. 良　C. 一般　D. 有待进步

第二单元　餐厅收银

●学习目标

1. 能够利用食为天餐饮系统完成消费折扣处理工作；
2. 能够利用食为天餐饮系统完成结账工作；
3. 能够利用食为天餐饮系统完成报表的管理工作。

学习任务一　收银

任务引入

李宁和同事用餐后，叫经理买单。由于李宁是会员，按餐厅的惯例应由经理赠送果盘一个，并且享受八五折优惠。

任务分析

1. 赠送果盘一个。
2. 给予客户八五折优惠。

完成任务

1. 功能描述

当班收银员结账以及收银结账的相关操作，包括打折、免项、收款、结账。为保证应收款的正确，结账操作前必须先“锁单”，“锁单”操作员才可进行结账相关操作。“锁单”后，其他操作员不允许进行“加单”、“跟单”操作。“锁单”后，若还需要“加单”或“跟单”，或非“锁单”操作员需要作结账操作，可对单据“解锁”。

2. 操作

点击“结账”按钮，进入结账操作界面。

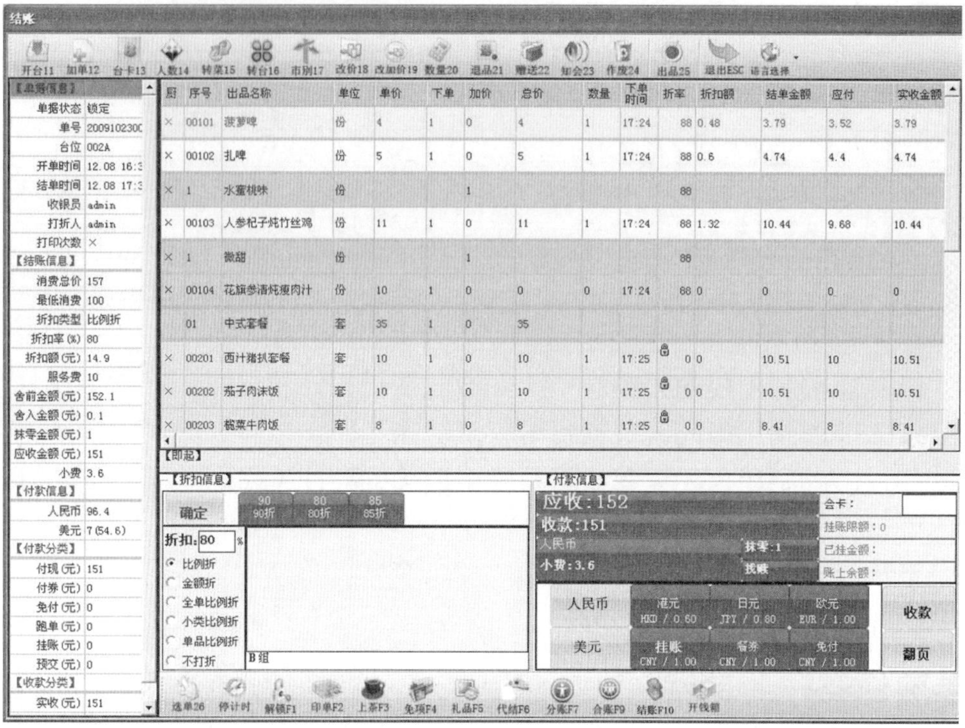

界面左部显示单据信息及应收款、收款情况；界面右部显示出品同应收款、收款情况相关的信息列表，其中：

“数量”为最终结账时的出品数量，即不包括退、赠、废的计算收款额的出品数量。

“金额” ＝数量×单价＋做法数量×做法单价＋茶芥费＋服务费

“结单金额”是将单据的“应收金额”按出品的折后金额比例分配到各出品金额，各出品结单金额之和为单据的应收金额－抹零。

“实收金额”是将以收款方式为“实付”的结算方式所收的收款额，按出品的“结单金额”比例分配到各出品的金额。

（1）锁单：结账前，先点击“锁单”按钮，将单据上锁，才可进行结账操作如上图。其他操作员不能再进行“加单”、“跟单”操作。

注：锁单时，系统根据进餐人数及当前市别、厅楼的茶位商品定义，弹出茶位确认窗体。可按选择增加哪种茶位、芥及茶位、芥数量。

“完全”切换时也会自动弹出待选择的茶位、芥窗体。

茶位、芥选定后将不会重复弹出选择窗体，除非改变人数，须手工调整茶位数量时选择“上茶”。

（2）停计时：如果启用服务费（按时间收取服务费），则停计时后服务费计时终止；如果恢复计时，则服务费继续计算直至停计时。

（3）折扣：前台可在锁单或未锁单界面实现打折。

系统提供六种折扣方式：比例折、金额折、全单比例折、小类比例折、单品比例折、部分折。

系统提供一种取消折扣方式：不打折。

每张单只可选择一种折扣方式。

类别	操作员折扣限额	小类折扣限额	出品折扣限额	出品不允许折扣考虑否	结果（操作员折限满足，允许打折，实际打折 A）
比例折	①	×	②	√	①＜A＜②　取② ①＜②＜A　取 A
金额折	①	×	×	√	①＜A　取分摊的 A
全单比例折	①	×	×	×	①＜A　取 A
小类比例折	①	②	×	√	①＜②＜A　取 A
单品比例折	①	×	②	√	①＜②＜A　取 A
部分折	①	×	×	×	①＜A　取 A

注：①、②表示优先级。

×、√表示是否作为考虑依据。

小类比例折：A 只能取到大于小类折限。

单品比例折：A 只能取到大于单品折限。

部分折：除了选出的出品不允许打折外，其他全部按全单折处理。选出出品不限制其所有属性（是否允许折扣等）。

录入折扣比例或折扣金额单击“打折”按钮。单品比例折与类别折可分别录入后再确定打折。点击“确定”，折扣生效。如果需要取消折扣，则单击“不打折”，确定即可。

注：①金额折不允许超过可折扣出品金额之和。

②不允许打折的出品不参与金额折分摊。

③各折扣之间为并列关系，无互相包含作用。

④做法折扣与出品折扣保持一致。

⑤操作员有打折权限和打折限额，如果打折时超过自己的限额，则无打折权限但拥有限额的操作员签单就可打折。

（4）免项：免收某项目的费用，包括茶位全免、免茶位数量、免芥、免最低消费、免服务费。

点击“免项”按钮，在“免项”界面点击所需的免项记录，可选多项。“确定”后免项生效。

注：免茶位数量可实现不同茶位免除数量不一样，但不超过总人数。满足同一单据上不同茶的情形。

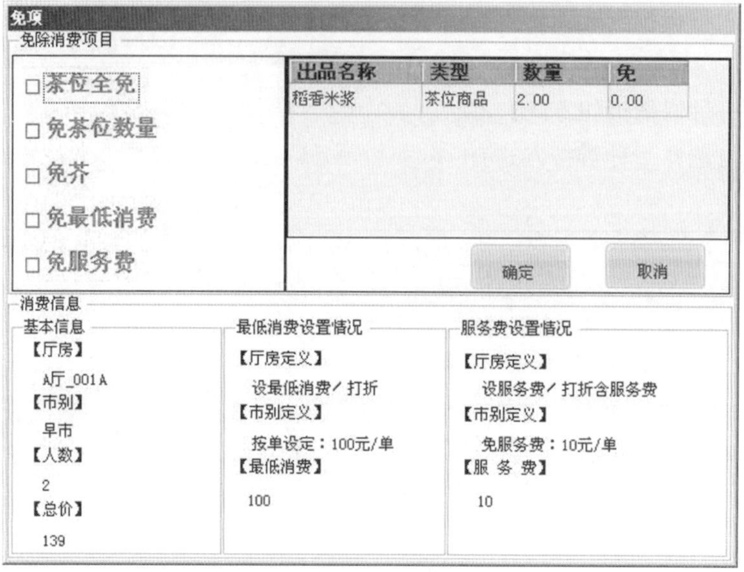

在“免项”界面可查询单据所属市别及厅台的最低消费、服务费定义情况。

（5）会卡：锁单后键盘录入会员编码并“确认”，单据按会卡定义的最低折扣率整单比例折，即“折扣”的“比例折扣”。如果会卡启用按出品小类定义会员折扣，则单据按会卡定义的小类折扣打折，而不取会卡的最低折扣率。

刷卡后，可查询当前会员的挂账限额及预付、挂账情况。

会员折扣不可同“打折”同时生效，即不允许折上折。两折扣功能操作不生效。

（6）代结：代结即代其他台位结账部分或全部消费，可理解为分台。

点击“代结”功能，在弹出的代结台位选择窗体中选择未结账台位。

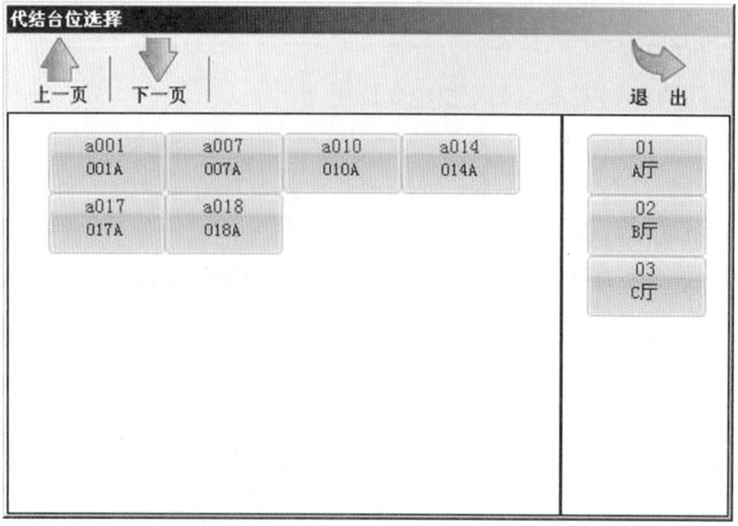

选择代结台位的出品。"确定"即可完成代结分台操作。

（7）分账：分账即对一张单据实现不同出品的AA分账。分账后新增出品则金额默认归入最后一个分账中。支持分账账单打印。

增加分账标志，如a、b、c等。

选择分账标志，待标志变成√后，选择出品及出品数量，确定后付款收款即可实现简单分账。

本机参数中设置分账总单、分账账单参数则印单功能可实现分账单及总账单打印。

如果取消分账，则单击"分账"，选择分账标志，"删除分账"，"确定"即可取消分账。

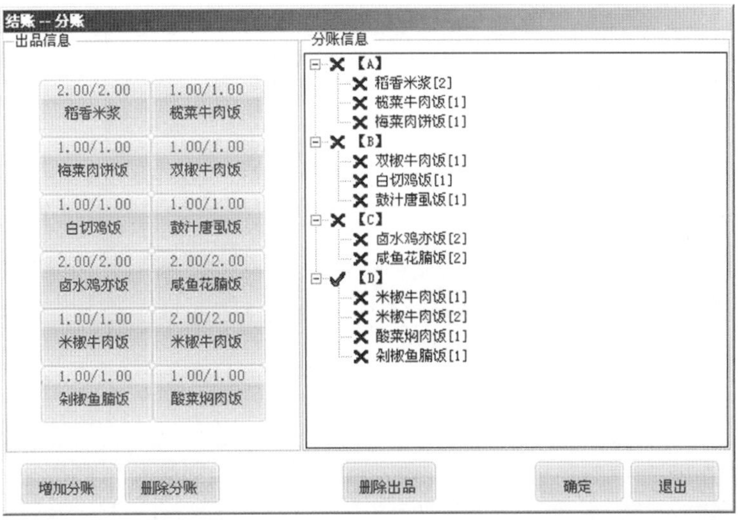

【分账信息】	
A	28
B	25
C	40
D	56

（8）合账：合账即实现不同厅房、不同台位、不同消费条件的单据合并。合账后选择各个账单的区域仍然可以操作退、赠、废、加单、台卡、人数、转菜、转台、市别、改价、改数量、知会、停计时、印单、上茶、免项，并且操作只对选中单据有效。取消合账后，以上操作仍然有效。但是打折、会卡、付款功能只针对合账后的整个单据。

选出合账的单据，“确定”即可合账。如下图合账界面，单击参与合账的单据信息区域，状态切换至激活状态。此时可对单个单据进行退、赠、废、加单、台卡、人数、转菜、转台、市别、改价、改数量、知会、停计时、印单、上茶、免项等操作。

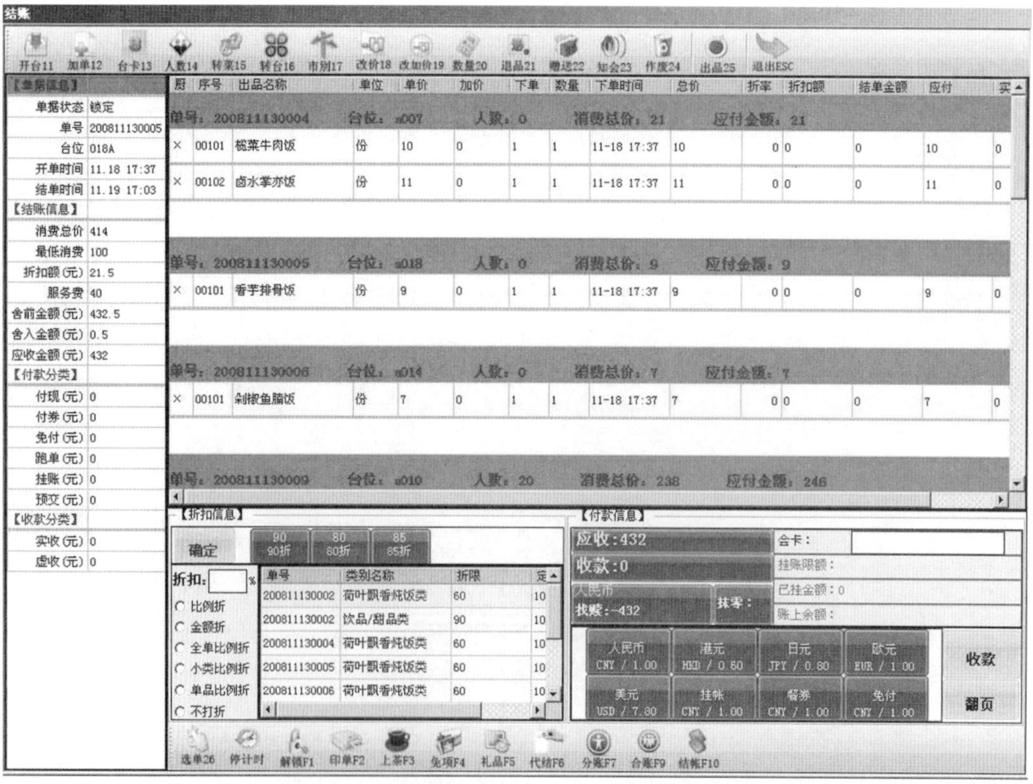

跟单进入合账主单，单击“合账”，弹出“合单”界面。

印单只针对参与合账的单个单据打印结账单；打折、会卡、付款功能只针对合账后的整个单据。

重新跟单（参与合账的任何单据），单击“合账”，进入合单界面，移除已选账号。“确定”即可取消合账。取消合账后所有单据保留合账界面的退、赠、废、加单、台卡、人数、转菜、转台、市别、改价、改数量、知会、停计时、印单、上茶、免项的结果。

（9）收款：客人付款后，收银员点击“收款”按钮。在付款界面点击“结算方式”，并录入当前结算方式所付款数。可选择多种结算方式。再次点击已选择的结算方式，即可取消此种结算方式的付款数。

当“付款”同“应收”不相等时，系统提供三种处理方式，可选择以下其中一种：

找赎：当“付款”大于“应收”时，计算找还客人的余款。

抹零：操作人员具有抹零权限，当客人付款与应收之间存在小额差距的情况下收银人员可根据自己的抹零限额抹掉差额，取整收款。规则是先抹后付，并且抹零累计不超过抹零限额。

小费：付款方式中设置收小费的币种，客人付款大于应收扣除抹零后的金额时，可找赎或者给小费。选择抹零下的“小费—找赎转换”按钮即可实现找赎或给小费。

付款支持多种币种现金找赎方式。付款方式中存在“免付”时，弹出签单界面，有签单权限的收银员才可成功收款。

（10）印单：点击“印单”按钮，打印结账单，通知客人付款。

结账单打印机是在“系统设置＼本机设置”中定义的结账单打印机。结账单格式为“系统设置＼本机设置”中定义的账单模板格式。

结账单格式自定义，打印内容自定义。

跟单及结账界面提供打单次数信息。

查单界面提供已结账单据，选中后点击右键时重打单据。

历史单据核查中提供重新批量打印银单功能。

（11）解锁：锁单后，非本人不可再进行“跟单”、“加单”操作。当需要进行“跟单”、“加单”操作时，需对单据解锁。在结账界面单击“解锁”按钮，即对单据解锁。

（12）结账：对单据处理完毕后，确定不需要再进行其他操作，可将单据结账。“结账”只可由当班收银员操作，有权限控制。

点击“结账”，系统判断“应收金额”同“收款”总额相符后，允许当前单据结账。

当单据付款有“免付”的结算方式时，弹出“［签单］授权操作”窗口，“免付”批准人员刷卡确认。

结账完成时，打印客人付款方式及付款数量的“收款单”。

（13）反结账：单据结账后，有时需要再次对单据进行“加单”、“跟单”或“结账”等操作。对应此需求，系统提供“反结账”功能。“反结账”后，此单据回到未结账状态。

系统会记录“反结账”的操作次数及最后操作的用户，以保证数据的安全性。

已结账单，在“楼面导航”中对应的台已无显示，在“加单”或“结账”界面点击“选单”按钮。在弹出的单据列表界面点击“已结单据”，界面列出当天所有已结单据。选择需要反结账的单据，单击“选出”按钮。退出当前界面，转换到“结账”界面，单击“反结账”按钮。单据回到未结账状态。

学习任务二　报表管理

任务引入

餐厅收银员小李到了下班时间，要将自己这个工作班次的报表进行整理打印，打印好报表后，再关闭收银员工作环节，核对账目。

任务分析

整理并打印报表。

完成任务

一、营业汇总报表

1．概述

如下图所示：用于查询时间段的收入汇总情况，包括日报汇总，市别、部门、按市别各部门的收入核算图。

2. 功能描述

日报汇总：各单据应收实收、付款明细、结账方式汇总，部门收入的实收、消费总额汇总。

其中：

消费总价 = Σ（下单数 − 退）×单价。

应收金额 = 消费总价 − Σ（送 + 废）×单价 − 折扣金额 + 服务费。

结单金额 = 应收金额 − 舍入金额 − 抹零。

结账汇总：结算方式所付金额按付款类别汇总。

付款明细：各结算方式所付金额汇总。

部门收入：统计各部门以实收类别的结算方式所付金额数以及消费总额，并对已进行厨点加工费的核算。

市别收入汇总：按市别汇总时段内收入情况。

部门收入汇总：统计时段内部门收入，包括厨点加工费的核算。报表内容及含义同“营业情况\部门营业情况\部门”。

部门/市别：按市别统计时段内部门收入，包括厨点加工费的核算。报表内容及含义同“营业情况\部门营业情况\部门/市别”。

二、营业情况日报

1. 概述

如下图所示：用于统计某一日期的营业情况，并提供该天及该天不同市别合计值与月累计，上月同期累计值对比。

统计分类	统计项	当日合计	当月累计	上月同期	早市	午市	晚市
1-营业汇总	消费总额	1807.50	2664.00		653.00	1093.50	61.00
	赠送作废	-100.00	-247.00		-60.00	-20.00	-20.00
	补最低消费	361.30	521.80		90.00	261.30	10.00
	服务费	2140.00	2151.30		1990.00	150.00	
	折扣金额	-89.80	-106.65		-22.20	-67.60	
	舍入金额						
	抹零金额	-14.00	-54.00		-10.00	-3.00	-1.00
	【合计】	4105.00	4929.45		2640.80	1414.20	50.00
2-营业情况	厨部	1682.50	2469.00		596.00	1025.50	61.00
	楼面	125.00	195.00		57.00	68.00	
3-营业收入	人民币	3839.99	4538.44		2633.27	1156.72	50.00
	日元	81.25	81.25			81.25	
	美元		8.72				
	挂帐	100.00	100.00			100.00	
	免付	100.01	158.01		7.53	92.48	
5-大类统计	中餐类	1328.50	1998.00		366.00	903.50	59.00
	西餐类	312.00	409.00		218.00	94.00	
	酒水饮料类	125.00	195.00		57.00	68.00	
6-做法统计	制作方式	42.00	62.00		12.00	28.00	2.00
	口味						
7-营业参数	人数	96.00	136.00		36.00	58.00	2.00
	人均消费	18.83	19.59		18.14	18.85	30.50

2．功能描述

消费总额－赠送作废＋补最低消费＋服务费－折扣金额－舍入－抹零金额＝结单金额

∑部门收入＝消费总价

营业收入统计各付款方式的原始金额

∑大类＋∑做法＝消费总价

三、经理查询分析

1．概述

如下图所示：用于对本月与上月的客流、营业额、人均消费比较。

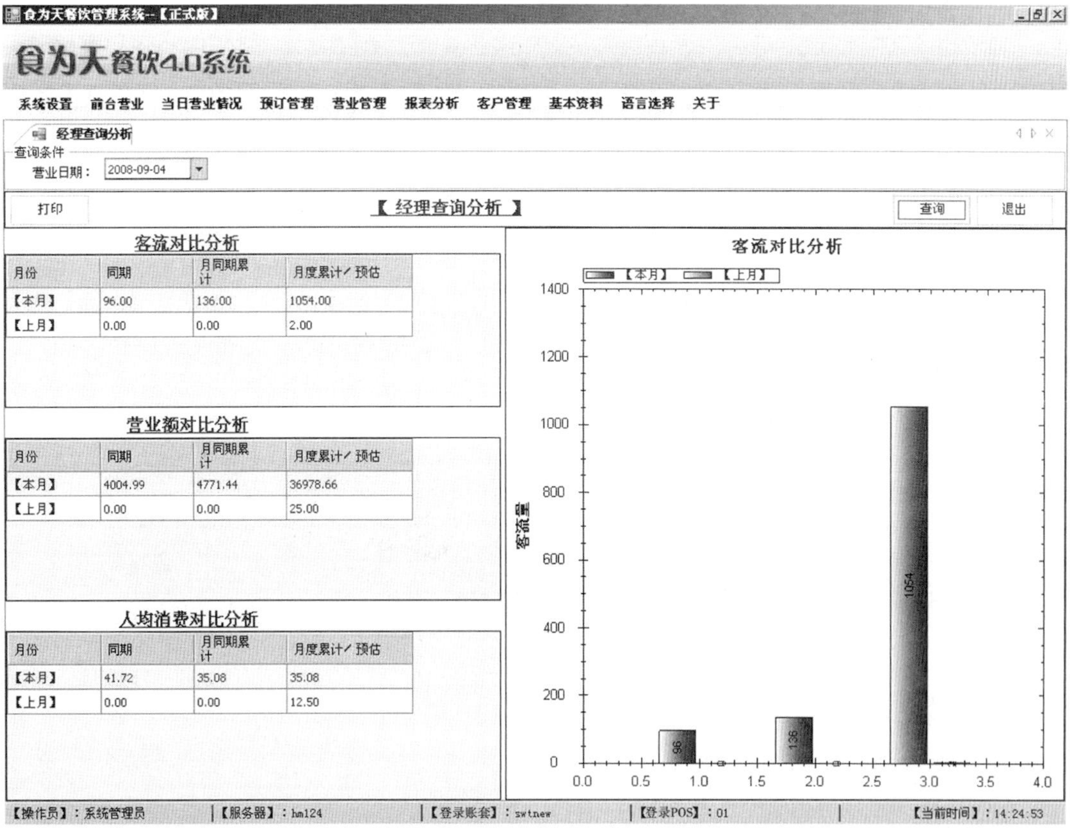

2．功能描述

比较项包括同期和同期累计两项。

同期：选择的查询日期当日数据；

同期累计：1 日到查询日期的累计值。

3．操作

在“查询日期”中选择查询日，点击“刷新”，显示根据“查询日期”统计的各项营业情况。

点击“客流”、“营业额”、“人均消费”列表，图示区显示对应的图表。

四、结账单据核查

如下图所示：用于查询任一时间段的单据，报表及内容同“营业情况\结账单据核查”。

五、销售统计报表

1．概述

如下图所示：用于查询任一时段的销售情况，包括开单数、退、送、废、结账数、总价、结单金额、实收金额、数量比、总价比、结单比、实收比等。

出品类别	出品码	出品名称	单位	单价	开单数	退	送	废	免	结帐数	总
荷叶飘香炖…	a1001	茄子肉沫饭	份	10.00	19.00	0.00	1.00	0.00	0.00	18.00	19
荷叶飘香炖…	a1001	茄子肉沫饭	份	12.00	3.00	0.00	0.00	0.00	0.00	3.00	36
荷叶飘香炖…	a1001	茄子肉沫饭	套	10.00	1.00	0.00	0.00	0.00	0.00	1.00	10
荷叶飘香炖…	a1002	榨菜花腩饭	份	7.00	5.00	0.00	1.00	0.00	0.00	4.00	30
荷叶飘香炖…	a1003	木耳蒸鸡饭	份	6.00	2.00	0.00	0.00	0.00	0.00	2.00	12
荷叶飘香炖…	a1003	木耳蒸鸡饭	份	8.00	5.00	0.00	0.00	0.00	0.00	5.00	42
荷叶飘香炖…	a1004	白切鸡饭	份	8.00	3.00	1.00	0.00	1.00	0.00	1.00	8.
荷叶飘香炖…	a1005	酸菜焖肉饭	份	6.00	1.00	0.00	0.00	0.00	0.00	1.00	6.
荷叶飘香炖…	a1005	酸菜焖肉饭	份	9.00	8.00	0.00	0.00	0.00	0.00	8.00	72
荷叶飘香炖…	a1005	酸菜焖肉饭	份	12.00	3.00	0.00	0.00	0.00	0.00	3.00	36
荷叶飘香炖…	a1006	腊味双蒸饭	份	1.00	1.00	0.00	1.00	0.00	0.00	0.00	0.
荷叶飘香炖…	a1006	腊味双蒸饭	份	9.00	15.00	1.00	2.00	0.00	0.00	12.00	11
荷叶飘香炖…	a1007	顶级一品饭	份	6.00	1.00	0.00	0.00	0.00	0.00	1.00	6.
荷叶飘香炖…	a1007	顶级一品饭	份	10.00	14.00	0.00	1.00	0.00	0.00	13.00	13
荷叶飘香炖…	a1007	顶级一品饭	份	12.00	3.00	0.00	0.00	0.00	0.00	3.00	40
荷叶飘香炖…	a1007	顶级一品饭	套	8.00	1.00	0.00	0.00	0.00	0.00	1.00	8.
荷叶飘香炖…	a1007	顶级一品饭	套	10.00	1.00	0.00	0.00	0.00	0.00	1.00	12
荷叶飘香炖…	a1008	双椒牛肉饭	份	1.00	2.00	0.00	0.00	0.00	0.00	2.00	2.
荷叶飘香炖…	a1008	双椒牛肉饭	份	6.00	5.00	0.00	0.00	0.00	0.00	5.00	30
荷叶飘香炖…	a1008	双椒牛肉饭	份	10.00	15.00	0.00	1.00	0.00	0.00	14.00	14
荷叶飘香炖…	a1008	双椒牛肉饭	份	20.00	1.00	1.00	0.00	0.00	0.00	0.00	0.

2. 功能描述

开单数：下单数

结账数：下单数－退－送－废

总价：（下单数－退－送－废）×单价

结单金额：结账界面各记录的结单金额。

实收金额：结账界面各记录的实收金额。

数量比：（结账数/∑（结账数））×100%

总价比：（总价/∑（总价））×100%

结单比：（结单金额/∑（结单金额））×100%

实收比：（实收金额/∑（实收金额））×100%

销售统计报表可按以下八种方式统计：出品、出品小类、出品大类、市别、部门、厨点、台房、班次。

六、营业分析报表

1. 概述

如下图所示：用于查询任一时段的营业收款情况，包括进餐人数、消费总价、折扣金额、舍入金额、结单金额、各付款方式收款额、收款方式收款额、小费金额。

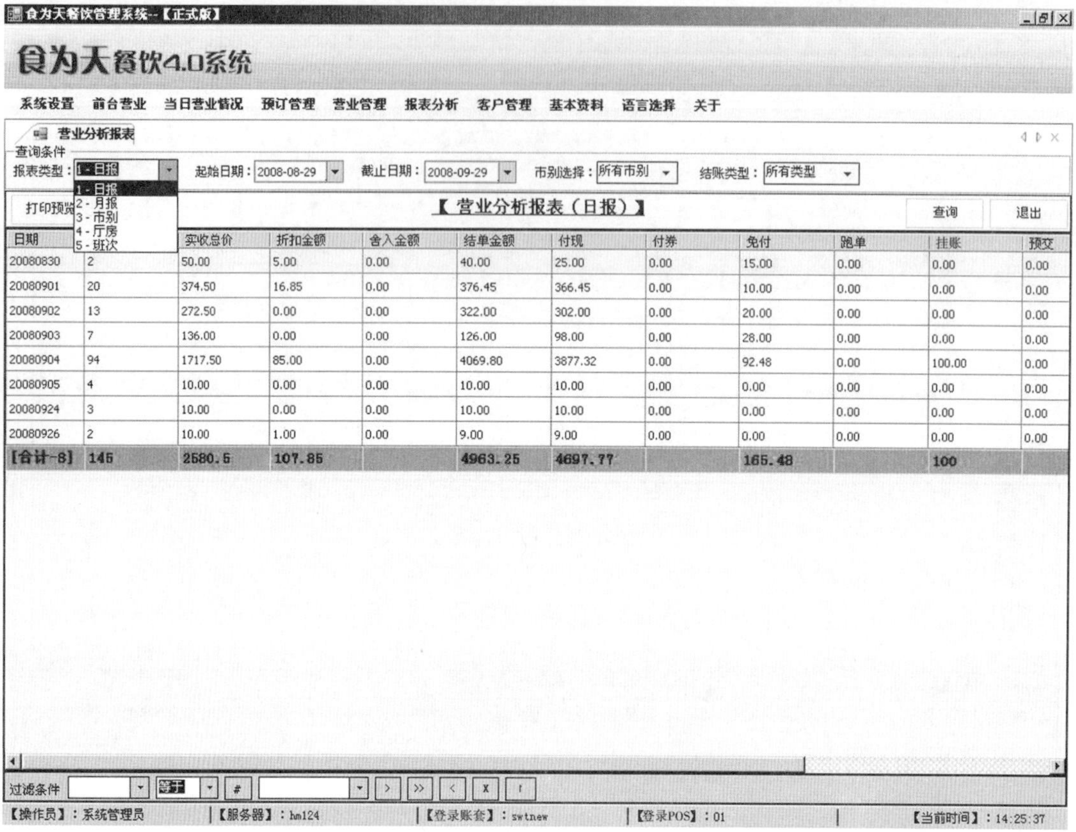

日期		实收总价	折扣金额	舍入金额	结单金额	付现	付券	免付	跑单	挂账	预交
20080830	2	50.00	5.00	0.00	40.00	25.00	0.00	15.00	0.00	0.00	0.00
20080901	20	374.50	16.85	0.00	376.45	366.45	0.00	10.00	0.00	0.00	0.00
20080902	13	272.50	0.00	0.00	322.00	302.00	0.00	20.00	0.00	0.00	0.00
20080903	7	136.00	0.00	0.00	126.00	98.00	0.00	28.00	0.00	0.00	0.00
20080904	94	1717.50	85.00	0.00	4069.80	3877.32	0.00	92.48	0.00	100.00	0.00
20080905	4	10.00	0.00	0.00	10.00	10.00	0.00	0.00	0.00	0.00	0.00
20080924	3	10.00	0.00	0.00	10.00	10.00	0.00	0.00	0.00	0.00	0.00
20080926	2	10.00	1.00	0.00	9.00	9.00	0.00	0.00	0.00	0.00	0.00
[合计-8]	145	2580.5	107.85		4963.25	4697.77		165.48		100	

2. 功能描述

付现 + 付券 + 免付 + 跑单 + 挂账 + 预交 = 实收金额 + 虚收金额 = 结单金额

Σ（下单数 - 退 - 送 - 废）×单价 = 消费总价

营业分析报表可分为日报、月报、市别、厅楼、班次等类报表。

七、出品利润分析

1. 概述

如下图所示：根据各出品的预估成本定义，分析利润额、利润比等数据项。

出品类别		出品名称	单位	出品数	实收金额	成本金额	利润额	利润比(%)	实收比(%)
荷叶飘香炖…		茄子肉沫饭	份	22.00	635.47	66.00	569.47	14.73	13.17
荷叶飘香炖…	a1007	顶级一品饭	套	2.00	417.31	6.00	411.31	10.64	8.65
荷叶飘香炖…	a1016	米椒牛肉饭	套	1.00	341.09	3.00	338.09	8.74	7.07
荷叶飘香炖…	a1017	榄菜牛肉饭	套	1.00	341.08	3.00	338.08	8.74	7.07
荷叶飘香炖…	a1009	卤水鸡亦饭	份	18.00	223.62	54.00	169.62	4.39	4.63
荷叶飘香炖…	a1007	顶级一品饭	份	18.00	211.33	54.00	157.33	4.07	4.38
荷叶飘香炖…	a1008	双椒牛肉饭	份	22.00	206.13	66.00	140.13	3.62	4.27
荷叶飘香炖…	a1018	卤水掌亦饭	份	4.00	143.53	12.00	131.53	3.40	2.97
荷叶飘香炖…	a1012	鼓汁唐虱饭	份	13.00	130.64	39.00	91.64	2.37	2.71
荷叶飘香炖…	a1013	梅菜肉饼饭	份	17.00	130.23	51.00	79.23	2.05	2.70
荷叶飘香炖…	a1005	酸菜焖肉饭	份	12.00	108.82	36.00	72.82	1.88	2.26
荷叶飘香炖…	a1006	腊味双蒸饭	份	15.00	114.94	45.00	69.94	1.81	2.38
荷叶飘香炖…	a1014	咸鱼花腩饭	份	13.00	100.90	39.00	61.90	1.60	2.09
荷叶飘香炖…	a1015	香芋排骨饭	份	9.00	72.58	27.00	45.58	1.18	1.50
荷叶飘香炖…	a1003	木耳蒸鸡饭	份	7.00	62.94	21.00	41.94	1.08	1.30
荷叶飘香炖…	a1017	榄菜牛肉饭	份	4.00	42.87	12.00	30.87	0.80	0.89
荷叶飘香炖…	a1011	剁椒鱼腩饭	份	8.00	53.85	24.00	29.85	0.77	1.12
荷叶飘香炖…	a1016	米椒牛肉饭	份	4.00	38.13	12.00	26.13	0.68	0.79
荷叶飘香炖…	a1002	榨菜花腩饭	份	5.00	30.60	15.00	15.60	0.40	0.63
荷叶飘香炖…	a1004	白切鸡饭	份	2.00	10.10	3.00	7.10	0.18	0.21
荷叶飘香炖…	a1001	茄子肉沫饭	套	1.00	10.00	3.00	7.00	0.18	0.21

2. 功能描述

报表包括出品、部门、出品小类、出品大类、日报、月报六类利润分析表。

出品数：实际制作的出品数量，包括赠送及作废数。

实收金额：结账时实际收款金额（收款类别为实收）。

成本金额：出品数×出品成本，出品成本为“基本资料\ 出品定义”中的“成本”。

利润额：实收金额－成本金额。

利润比：（利润额/Σ（利润额））×100%。

实收比：（实收金额/Σ（实收金额））×100%。

八、时段营业分析

1. 概述

如下图所示：用于查询任一日期段内，按设定的时间间隔分析各时段的进餐人数、消费时间、消费额等营业情况。

时段	客流(人)	结单人数	单数	人均时间(分)	人均消费	出品总价	结单金额	实收金额
00:00-00:59	1	0	0	0	0.00	0.00	0.00	0.00
01:00-01:59	1	0	0	0	0.00	0.00	0.00	0.00
02:00-02:59	1	0	0	0	0.00	0.00	0.00	0.00
03:00-03:59	1	0	0	0	0.00	0.00	0.00	0.00
04:00-04:59	1	0	0	0	0.00	0.00	0.00	0.00
05:00-05:59	1	0	0	0	0.00	0.00	0.00	0.00
06:00-06:59	1	0	0	0	0.00	0.00	0.00	0.00
07:00-07:59	1	0	0	0	0.00	0.00	0.00	0.00
08:00-08:59	1	0	0	0	0.00	0.00	0.00	0.00
09:00-09:59	5	2	1	1002	25.00	51.00	50.00	50.00
10:00-10:59	31	7	3	4919	8.57	70.00	60.00	45.00
11:00-11:59	34	6	2	372	15.83	115.50	94.95	94.95
12:00-12:59	26	0	0	0	0.00	0.00	0.00	0.00
13:00-13:59	26	0	0	0	0.00	0.00	0.00	0.00
14:00-14:59	57	7	4	124	18.00	136.00	126.00	98.00
15:00-15:59	93	50	15	4572	59.37	812.50	2968.50	2938.50
16:00-16:59	81	18	6	13539	32.07	561.50	577.20	477.19
17:00-17:59	70	57	14	-10946	19.68	874.00	1121.80	1121.80
[合计-18]	432	147	45			2620.5	4998.45	4825.44

2. 功能描述

报表内容及意义同“营业情况＼时段营业分析”。

九、出品销售明细

1. 概述

如下图所示：已售出出品在各点菜单上加单、结账的明细记录。

部门名称	出品小类名	流水号	台卡号	桌台	加单号	出品名称	单位	责任人	开单人	单价	开
厨部	荷叶飘香炖饭类	200809010001	45	002A	00101	茄子肉沫饭	份		系统管理员	10.00	1.
		200809010001	45	002A	00102	双椒牛肉饭	份		系统管理员	10.00	1.
		200809010001	45	002A	00103	顶级一品饭	份		系统管理员	10.00	1.
		200809010001	45	002A	00104	鼓汁鹿虱饭	份		系统管理员	7.00	1.
		200809010001	45	002A	00105	咸鱼花腩饭	份		系统管理员	9.00	1.
		200808300001	01	002B	00101	顶级一品饭	份		zhanglx	10.00	1.
		200808300001	01	002B	00102	卤水鸡亦饭	份		zhanglx	11.00	1.
		200808300001	01	002B	00103	咸鱼花腩饭	份		zhanglx	9.00	1.
		200809010002	55	012A	00101	腊味双蒸饭	份		zhanglx	9.00	1.
		200809010002	55	012A	00102	双椒牛肉饭	份		zhanglx	10.00	1.
		200809010002	55	012A	00103	卤水鸡亦饭	份		zhanglx	11.00	1.
		200809010002	55	012A	00104	咸鱼花腩饭	份		zhanglx	9.00	1.
		200809010002	55	012A	00105	梅菜肉饼饭	份		zhanglx	8.00	1.
		200809010004	sdf	001A	00101	梅菜肉饼饭	份		zhanglx	8.00	1.
		200809010004	sdf	001A	00102	咸鱼花腩饭	份		zhanglx	9.00	1.
		200809010004	sdf	001A	00103	咸鱼花腩饭	份		zhanglx	9.00	1.
		200809010004	sdf	001A	00201	顶级一品饭	份		zhanglx	10.00	1.
		200809010004	sdf	001A	00301	腊味双蒸饭	份		zhanglx	9.00	1.
		200809010004	sdf	001A	00302	顶级一品饭	份		zhanglx	10.00	1.
		200809010004	sdf	001A	00303	双椒牛肉饭	份		zhanglx	10.00	1.

2. 功能描述

包括销售出品的点菜单台卡号、加单中点用出品的加单号、加单责任人、点菜单开单人、出品单价、下单数、退菜数、赠送数、结账数、出品总价、出品加工费、折扣金额、结单金额、实收金额、套餐标识、品注等数据。

结账数 = 开单数 − 退菜数 − 赠送数 − 作废数

总价 = 结账数 × 单价

结单金额：各出品结账时的收款额。

实收金额：分配到各出品中以实收结算方式的付款额。

套餐标识：标明出品是否由套餐组成，以及属于哪一个套餐。套餐标识中的数据是套餐下单的流水号，唯一识别一个已销售的套餐；

品注：出品在加单或知会时注明的出品备注。

十、出品日统计报表

1. 概述

如下图所示：按月查询各出品每营业日的销售量，销售量中不包括赠送及作废的出品。

出品编码	出品名称	累计	1	2	3	4	5	6	7	8
a1001	茄子肉沫饭	22.00	3.00		1.00	15.00	1.00			
a1002	榨菜花腩饭	4.00	1.00			3.00				
a1003	木耳蒸鸡饭	7.00		1.00		6.00				
a1004	白切鸡饭	1.00				1.00				
a1005	酸菜焖肉饭	12.00			1.00	11.00				
a1006	腊味双蒸饭	12.00	5.00	2.00	1.00	4.00				
a1007	顶级一品饭	19.00	3.00	2.00	1.00	13.00				
a1008	双椒牛肉饭	21.00	4.00	3.00	1.00	13.00				
a1009	卤水鸡亦饭	17.00	1.00	1.00		15.00				
a1011	剁椒鱼腩饭	8.00				8.00				
a1012	鼓汁唐虱饭	13.00	2.00	2.00	1.00	8.00				
a1013	梅菜肉饼饭	17.00	2.00	3.00	1.00	11.00				
a1014	咸鱼花腩饭	12.00	4.00		1.00	7.00				
a1015	香芋排骨饭	9.00	1.00		2.00	6.00				
a1016	米椒牛肉饭	5.00				5.00				
a1017	榄菜牛肉饭	5.00			1.00	4.00				
a1018	卤水掌亦饭	4.00				4.00				
a2001	客家香炖鸡...	4.00	1.00	1.00		2.00				
a2002	蝴蝶骨鸡腿...	5.00	1.00	1.00		3.00				
a2003	香草鲜汁牛...									
a2005	吉列洋葱蒜...	1.00			1.00					

2. 功能描述

报表类型：包括出品、小类、大类、市别、pos、部门、厨点、地哩、厅房、台位、班次、咨客、咨客出品。可按照以上分类查询消费出品情况，同时可按照不同的查询条件（市别、部门）查询。

3. 操作

查询某月的销售量，在“分析时段”中选择“年份”及“月份”，点击“查询”按钮。

十一、出品月统计报表

如下图所示：用于每月出品销售统计，包括数据统计和图形分析。

十二、出品销售评估

如下图所示：用于设置日期或者某个时段，对出品销售状况作各种数据和图形评估。

十三、经手人出品统计

1. 概述

如下图所示：用于统计服务人员销售计奖出品的业绩。

经手人	出品编码	出品名称	单价	数量	计奖标准	金额	合计
	a1001	茄子肉沫饭	10.00	19.00	0.50	9.50	133.00
	a1001	茄子肉沫饭	12.00	3.00	0.50	1.50	133.00
	a1002	榨菜花腩饭	7.00	4.00	0.50	2.00	133.00
	a1003	木耳蒸鸡饭	6.00	2.00	0.50	1.00	133.00
	a1003	木耳蒸鸡饭	8.00	5.00	0.50	2.50	133.00
	a1004	白切鸡饭	8.00	1.00	0.50	0.50	133.00
	a1005	酸菜焖肉饭	6.00	1.00	0.50	0.50	133.00
	a1005	酸菜焖肉饭	9.00	8.00	0.50	4.00	133.00
	a1005	酸菜焖肉饭	12.00	3.00	0.50	1.50	133.00
	a1006	腊味双蒸饭	1.00	0.00	0.50	0.00	133.00
	a1006	腊味双蒸饭	9.00	12.00	0.50	6.00	133.00
	a1007	顶级一品饭	6.00	1.00	0.50	0.50	133.00
	a1007	顶级一品饭	8.00	1.00	0.50	0.50	133.00
	a1007	顶级一品饭	10.00	14.00	0.50	7.00	133.00
	a1007	顶级一品饭	12.00	3.00	0.50	1.50	133.00
	a1008	双椒牛肉饭	1.00	2.00	0.50	1.00	133.00
	a1008	双椒牛肉饭	6.00	5.00	0.50	2.50	133.00
	a1008	双椒牛肉饭	10.00	14.00	0.50	7.00	133.00
	a1008	双椒牛肉饭	20.00	0.00	0.50	0.00	133.00
	a1009	卤水鸡亦饭	6.00	7.00	0.50	3.50	133.00
	a1009	卤水鸡亦饭	11.00	11.00	0.50	5.50	133.00

2. 功能描述

酒店的某此出品会按照销售量给售出人奖励。出品定义时对计奖出品录入“计奖标准”数据，即每售出一个当前出品所奖励的金额数；“计奖标准”为“0”，表示当前出品不计奖。

报表统计服务人员售出计奖出品的明细情况及累计奖金额，包括售出出品的点菜单单号、点菜单台卡号、出品单价、售出数量、出品计奖标准、计奖金额、服务人员计奖金额合计。

出品的售出人员可定义为“责任人”或“下单人”，用户可根据实际情况选择。

“责任人”指“加单”指定的“服务”人员；“下单人”指“加单”的操作人员。

如果用户不需要查询出品的销售明细情况，可使"显示单号及台卡号"前不勾"√"，报表不显示计奖出品所属的单号及台卡号；不显示出品的售出记录，只显示各出品的售出总数。

十四、部门出品提成

如下图所示：用于统计出品定义中定义了部门记奖标准的出品销售后各部门的提成状况。

十五、厨师出品统计

用于统计每个厨点对应各厨师某一时段或日期制作出品的状况。

十六、台房统计报表

如下图所示：台房销售统计，可以按照市别、台房类别统计销售状况。

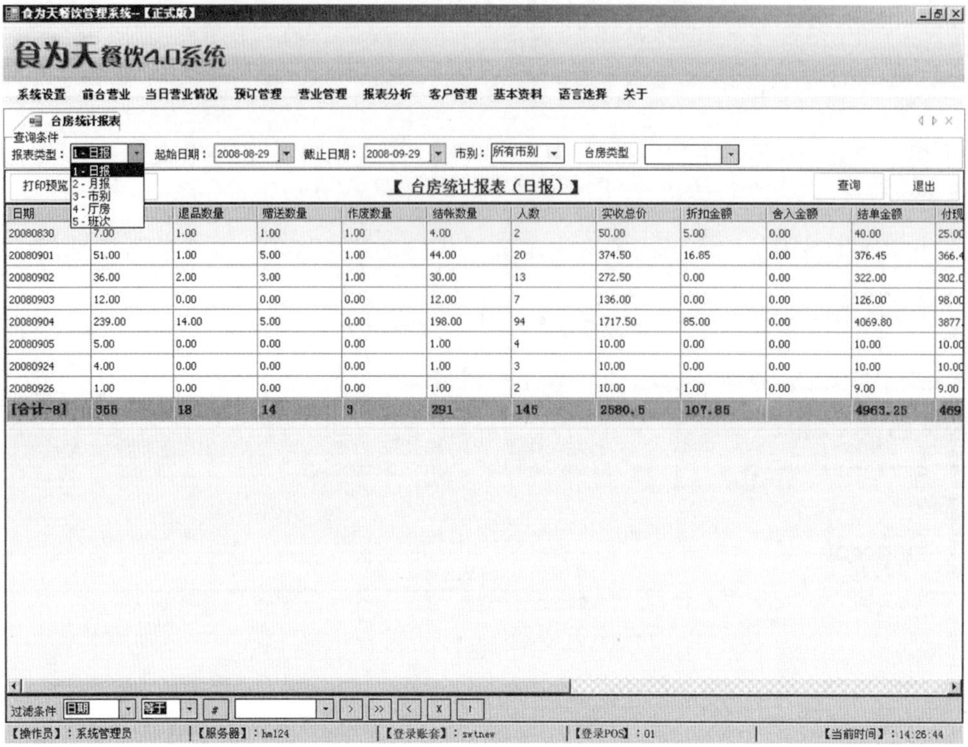

如下图所示：台房类别定义，可自定义多种组合的台房类别。

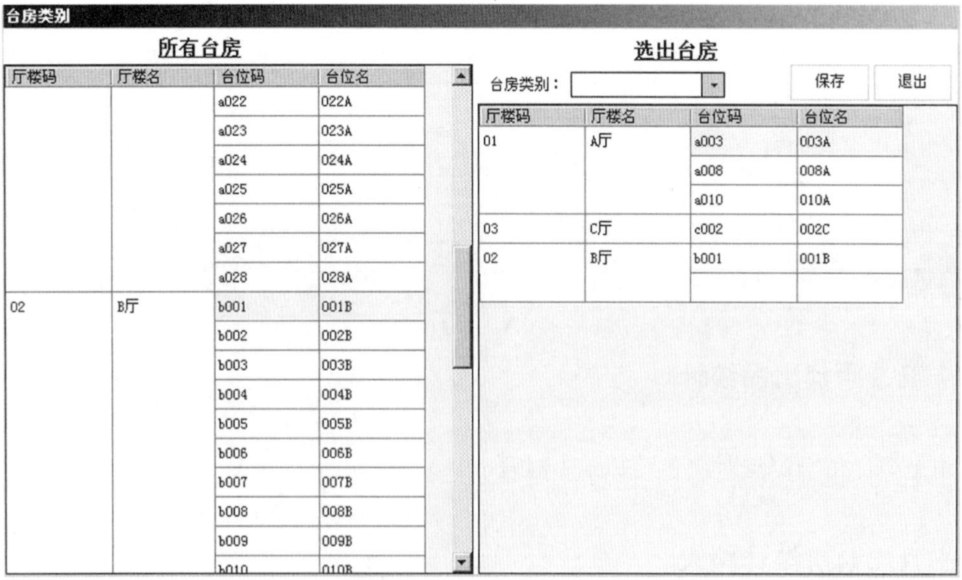

十七、收银记账报表

1. 概述

如下图所示：当日结账单的结账、各种结算方式付款的明细情况列表。用于核对结账单以及作为入账的凭据。

付款方式	付款金额	折合本币	单号	应收金额	折扣	结单金额	出品总价	市别	班次
港元	116.00	4.37	200902150001	23.00	2.60	23.00	26.00	晚市	午班
		20.98	200902150002	110.00	0.00	110.00	79.00	早市	午班
		11.60	200902150003	49.00	0.00	48.20	49.00	早市	午班
		4.65	200902150004	25.00	5.15	24.50	31.00	午市	午班
		28.00	200902150005	86.00	10.00	85.80	96.00	午市	午班
美元	13.00	11.35	200902150001	23.00	2.60	23.00	26.00	晚市	午班
		54.56	200902150002	110.00	0.00	110.00	79.00	早市	午班
		15.60	200902150003	49.00	0.00	48.20	49.00	早市	午班
		12.09	200902150004	25.00	5.15	24.50	31.00	午市	午班
		7.80	200902150005	86.00	10.00	85.80	96.00	午市	午班
免付	5.00	5.00	200902150003	49.00	0.00	48.20	49.00	早市	午班
人民币	20.00	1.46	200902150001	23.00	2.60	23.00	26.00	晚市	午班
		6.99	200902150002	110.00	0.00	110.00	79.00	早市	午班
		1.55	200902150004	25.00	5.15	24.50	31.00	午市	午班
		10.00	200902150005	86.00	10.00	85.80	96.00	午市	午班
日元	119.38	5.75	200902150001	23.00	2.60	23.00	26.00	晚市	午班
		27.63	200902150002	110.00	0.00	110.00	79.00	早市	午班
		16.00	200902150003	49.00	0.00	48.20	49.00	早市	午班
		6.12	200902150004	25.00	5.15	24.50	31.00	午市	午班

2. 功能描述

报表统计查询时间段内各结算方式的付款金额总计，以及时间段内日付款金额总计及明细情况。

报表包括付款方式名称、付款方式单位、时段付款金额总计、时段内付款发生日期、当日付款总额、各付款记录的结账单号、付款记录的金额、付款记录的收银员。

十八、退送原因分析

1. 概述

如下图所示：查询退品、赠送、作废情况，对退送废记录按原因汇总，并列出各记录的明细情况。

退送类型	退送数量	退送金额	退送原因	原因数量	原因金额	流水号	台卡号	出品名称	单位	数量	金
免项	29.00	145.00	A01	29.00	145.00	200809040008	dfgs	怡香柠檬茶	份	2.00	10
免项	29.00	145.00	A01	29.00	145.00	200809040014	dsfdr	怡香柠檬茶	份	10.00	50
免项	29.00	145.00	A01	29.00	145.00	200809040013	dg	怡香柠檬茶	份	10.00	50
免项	29.00	145.00	A01	29.00	145.00	200809050001	fdg	怡香柠檬茶	份	4.00	20
免项	29.00	145.00	A01	29.00	145.00	200809240001	sdfgs	怡香柠檬茶	份	3.00	15
退品	19.00	176.50	菜品异物	19.00	176.50	200809020003	e	白切鸡饭	份	1.00	8.
退品	19.00	176.50	菜品异物	19.00	176.50	200809040006	0055	顶级一品饭	份	1.00	10
退品	19.00	176.50	菜品异物	19.00	176.50	200809040009	0025	顶级一品饭	份	1.00	10
退品	19.00	176.50	菜品异物	19.00	176.50	200809040009	0025	顶级一品饭	份	-1.00	-1
退品	19.00	176.50	菜品异物	19.00	176.50	200809040006	0055	顶级一品饭	份	-1.00	-1
退品	19.00	176.50	菜品异物	19.00	176.50	200809040009	0025	顶级一品饭	份	1.00	10
退品	19.00	176.50	菜品异物	19.00	176.50	200809040009	0025	顶级一品饭	份	-1.00	-1
退品	19.00	176.50	菜品异物	19.00	176.50	200809040006	0055	顶级一品饭	份	-1.00	-1
退品	19.00	176.50	菜品异物	19.00	176.50	200809040009	0025	顶级一品饭	份	-1.00	-1
退品	19.00	176.50	菜品异物	19.00	176.50	200809040006	0055	顶级一品饭	份	1.00	10
退品	19.00	176.50	菜品异物	19.00	176.50	200809040009	0025	顶级一品饭	份	1.00	10
退品	19.00	176.50	菜品异物	19.00	176.50	200809040009	0025	顶级一品饭	份	-1.00	-1
退品	19.00	176.50	菜品异物	19.00	176.50	200809040009	0025	顶级一品饭	份	1.00	10
退品	19.00	176.50	菜品异物	19.00	176.50	200809040013	dg	顶级一品饭	份	2.00	24
退品	19.00	176.50	菜品异物	19.00	176.50	200809040013	dg	顶级一品饭	份	-1.00	-1

2. 功能描述

报表包括退送废类型、各类型统计数量、各类型统计金额、各类型原因、原因统计数量、原因统计金额、各退送废记录对应的台卡号、退送废出品名称、各退送记录数量、各记录金额、退送废认可人、加单责任人（服务）、退送废出品的制作厨点。

十九、折扣统计报表

如下图所示：统计各操作人员给予客人的折扣情况，包括打折总单数、折扣总额、折扣点菜单的消费总价之和、平均折扣率、折扣金额比率。

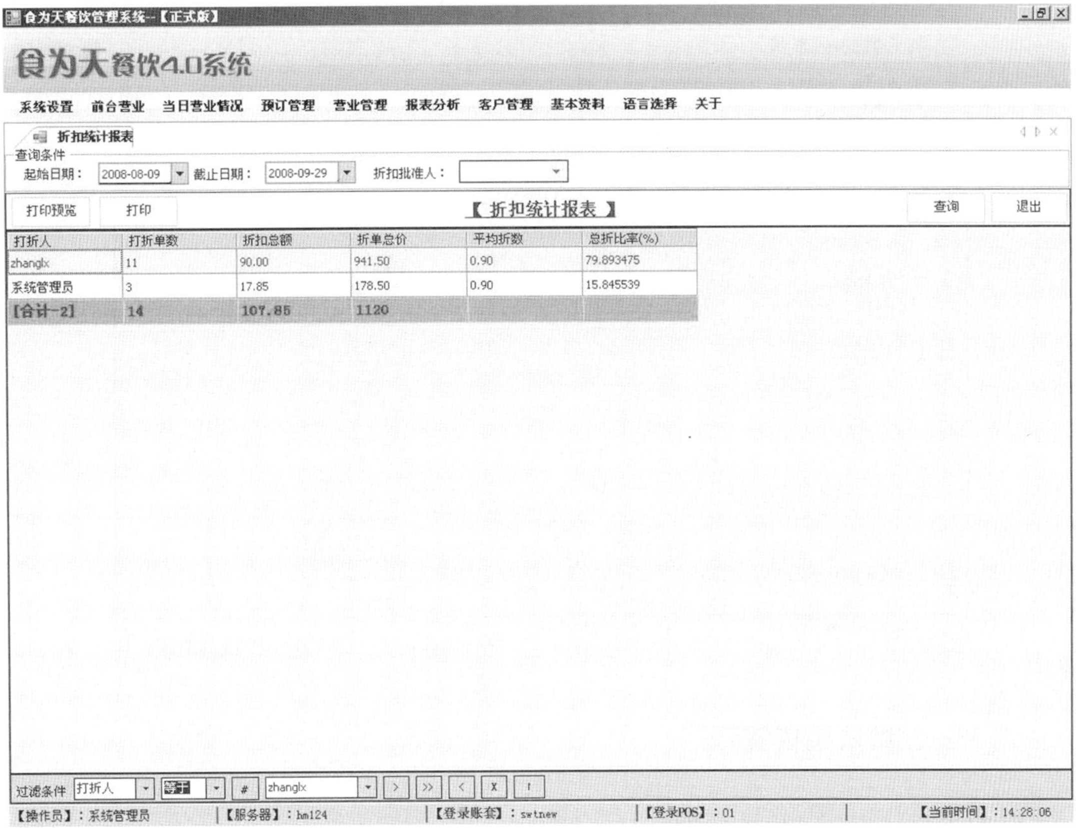

二十、价格变动报表

如下图所示：统计每种出品的价格在某一日期或者某一时段对应不同市别不同部门时的变动情况。

出品编码	出品名称	当前单价	销售单价	差额	销售数量	单位	单号	开单人
a1001	茄子肉沫饭	10.00	12.00	2.00	1.00	份	200809040008	zhanglx
		10.00	12.00	2.00	2.00	份	200809040013	zhanglx
a1003	木耳蒸鸡饭	8.00	6.00	-2.00	1.00	份	200809040011	zhanglx
		8.00	6.00	-2.00	1.00	份	200809040024	zhanglx
a1005	酸菜焖肉饭	9.00	12.00	3.00	1.00	份	200809040008	zhanglx
		9.00	12.00	3.00	2.00	份	200809040013	zhanglx
		9.00	6.00	-3.00	1.00	份	200809040024	zhanglx
a1006	腊味双蒸饭	9.00	1.00	-8.00	0.00	份	200809010004	zhanglx
a1007	顶级一品饭	10.00	12.00	2.00	1.00	份	200809040008	zhanglx
		10.00	6.00	-4.00	1.00	份	200809040011	zhanglx
		10.00	12.00	2.00	2.00	份	200809040013	zhanglx
		10.00	8.00	-2.00	1.00	套	200809040024	zhanglx
a1008	双椒牛肉饭	10.00	20.00	10.00	0.00	份	200809040009	zhanglx
		10.00	6.00	-4.00	1.00	份	200809040011	zhanglx
		10.00	1.00	-9.00	2.00	份	200809040017	zhanglx
		10.00	6.00	-4.00	1.00	份	200809040024	zhanglx
		10.00	6.00	-4.00	3.00	份	200809040026	zhanglx
a1009	卤水鸡亦饭	11.00	6.00	-5.00	1.00	份	200809040024	zhanglx
		11.00	6.00	-5.00	6.00	份	200809040026	zhanglx
a1014	咸鱼花腩饭	9.00	1.00	-8.00	0.00	份	200809010004	zhanglx
		9.00	6.00	-3.00	3.00	份	200809040026	zhanglx

二十一、做法销售统计

如图所示：统计一段时间内做法的销售情况。

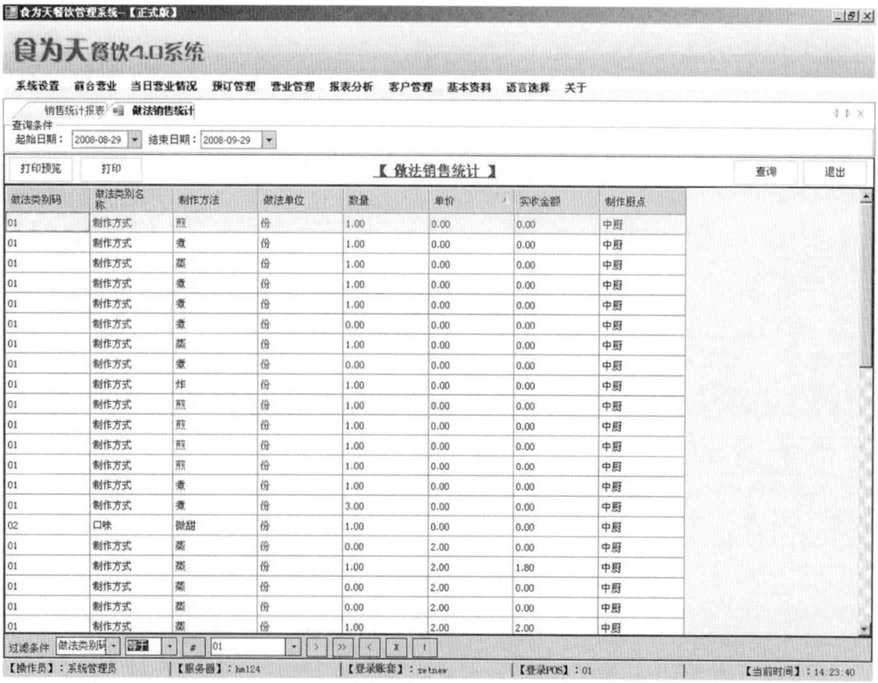

做法类别码	做法类别名称	制作方法	做法单位	数量	单价	实收金额	制作厨点
01	制作方式	煎	份	1.00	0.00	0.00	中厨
01	制作方式	煮	份	1.00	0.00	0.00	中厨
01	制作方式	蒸	份	1.00	0.00	0.00	中厨
01	制作方式	煮	份	1.00	0.00	0.00	中厨
01	制作方式	煮	份	1.00	0.00	0.00	中厨
01	制作方式	煮	份	0.00	0.00	0.00	中厨
01	制作方式	蒸	份	1.00	0.00	0.00	中厨
01	制作方式	煮	份	0.00	0.00	0.00	中厨
01	制作方式	炸	份	1.00	0.00	0.00	中厨
01	制作方式	煎	份	1.00	0.00	0.00	中厨
01	制作方式	煎	份	1.00	0.00	0.00	中厨
01	制作方式	煎	份	1.00	0.00	0.00	中厨
01	制作方式	煎	份	1.00	0.00	0.00	中厨
01	制作方式	煮	份	1.00	0.00	0.00	中厨
01	制作方式	煮	份	3.00	0.00	0.00	中厨
02	口味	微甜	份	1.00	0.00	0.00	中厨
01	制作方式	蒸	份	0.00	2.00	0.00	中厨
01	制作方式	蒸	份	1.00	2.00	1.80	中厨
01	制作方式	蒸	份	0.00	2.00	0.00	中厨
01	制作方式	蒸	份	0.00	2.00	0.00	中厨
01	制作方式	蒸	份	1.00	2.00	2.00	中厨

二十二、出品做法统计

如下图所示：统计一段时间内所点出品的做法信息。

二十三、套餐销售报表

套餐销售统计，可统计套餐合计值，也可查看每个套餐的明细。

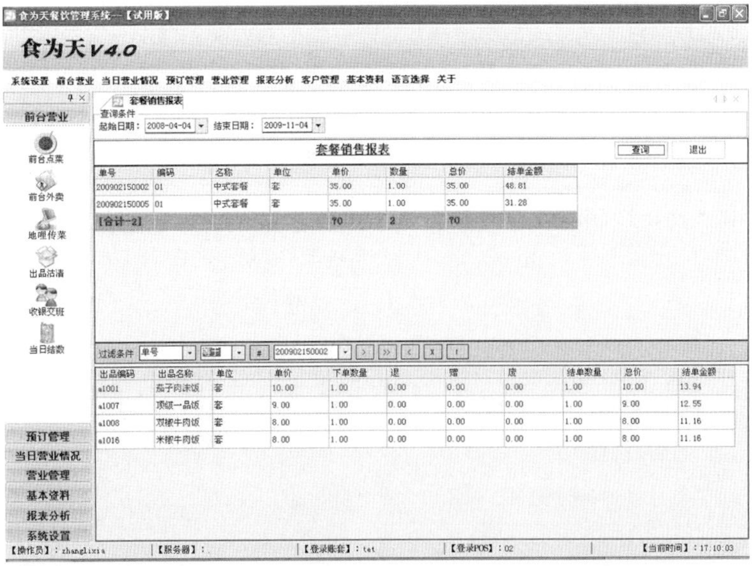

二十四、赠送规则报表

赠送规则报表显示当前参数设置的“赠送控制形式”下所赠送的明细。如果修改参数“赠送控制形式”为其他形式，则赠送规则报表的数据全部转到“赠送规则历史报表”。

操作员	营业单号	控制内容	出品名称	时间规则	规则	值	赠送金额	赠送数量	操作时间
zsb	200908040001	荷叶飘香炖饭类	剁椒鱼腩饭	日	数量	10.00	16.00	8.00	2009-08-04 09:51:37
			鼓汁唐虱饭	日	数量	10.00	2.00	1.00	2009-08-04 09:51:53
		知味自助餐饭类	传统叉烧油...	日	金额	100.00	20.00	1.00	2009-08-04 10:31:40
			西汁猪扒套餐	日	金额	100.00	20.00	1.00	2009-08-04 10:32:24
	200908040002	荷叶飘香炖饭类	卤水掌亦饭	日	数量	10.00	11.00	1.00	2009-08-04 10:24:22
	200908050001		双椒牛肉饭	日	数量	10.00	2.00	1.00	2009-08-05 11:08:00
			梅菜肉饼饭	日	数量	10.00	8.00	1.00	2009-08-05 11:13:49
			梅菜肉饼饭	日	数量	10.00	-8.00	-1.00	2009-08-05 11:14:20
		知味自助餐饭类	西汁猪扒套餐	日	金额	60.00	40.00	1.00	2009-08-05 11:08:36
zhanglixia	200908040001	西点类	蛋黄苏	年	金额	200.00	3.00	1.00	2009-08-04 10:49:39
	200908040003		鲜奶草莓酱...	年	金额	200.00	20.00	1.00	2009-08-04 10:47:29
	200908040004		鲜奶草莓酱...	年	金额	200.00	177.00	1.00	2009-08-04 10:52:06
			鲜奶草莓酱...	年	金额	200.00	-177.00	-1.00	2009-08-04 10:53:51
	200908040005		红豆吐丝包	年	金额	200.00	3.00	1.00	2009-08-04 10:54:57
	200908050002		芒果水果蛋糕	年	金额	200.00	8.00	1.00	2009-08-05 11:12:23
[合计-15]							145	18	

二十五、赠送规则历史报表

参数设置中“赠送控制形式”变更前所有的赠送记录。可依据控制形式查询不同时段的赠送明细。

操作员	营业单号	控制内容	出品名称	时间规则	规则	值	赠送金额	赠送数量	操作时间
zsb	200908040001	荷叶飘香炖饭类	剁椒鱼腩饭	日	数量	10.00	16.00	8.00	2009-08-04 09:51:37
			鼓汁唐虱饭	日	数量	10.00	2.00	1.00	2009-08-04 09:51:53
		知味自助餐饭类	传统叉烧油...	日	金额	100.00	20.00	1.00	2009-08-04 10:31:40
			西汁猪扒套餐	日	金额	100.00	20.00	1.00	2009-08-04 10:32:24
	200908040002	荷叶飘香炖饭类	卤水掌亦饭	日	数量	10.00	11.00	1.00	2009-08-04 10:24:22
	200908050001		双椒牛肉饭	日	数量	10.00	2.00	1.00	2009-08-05 11:08:00
			梅菜肉饼饭	日	数量	10.00	8.00	1.00	2009-08-05 11:13:49
			梅菜肉饼饭	日	数量	10.00	-8.00	-1.00	2009-08-05 11:14:20
		知味自助餐饭类	西汁猪扒套餐	日	金额	60.00	40.00	1.00	2009-08-05 11:08:36
	200908050008	荷叶飘香炖饭类	鼓汁唐虱饭	日	数量	10.00	7.00	1.00	2009-08-06 17:33:14
zhanglixia	200908040001	西点类	蛋黄苏	年	金额	200.00	3.00	1.00	2009-08-04 10:49:39
	200908040003		鲜奶草莓蓄...	年	金额	200.00	20.00	1.00	2009-08-04 10:47:29
	200908040004		鲜奶草莓蓄...	年	金额	200.00	177.00	1.00	2009-08-04 10:52:06
			鲜奶草莓蓄...	年	金额	200.00	-177.00	-1.00	2009-08-04 10:53:51
	200908040005		红豆吐丝包	年	金额	200.00	3.00	1.00	2009-08-04 10:54:57
	200908050002		芒果水果蛋糕	年	金额	200.00	8.00	1.00	2009-08-05 11:12:23
	200908050008		椰蓉香奶包	年	金额	200.00	4.00	1.00	2009-08-06 17:32:26
[合计-17]							156	20	

二十六、退品规则报表

退品规则报表显示当前参数设置的“退品控制形式”下所退品的明细。如果修改参数“退品控制形式”为其他形式，则退品规则报表的数据全部转到“退品规则历史报表”。

操作员	营业单号	控制内容	出品名称	时间规则	规则	值	退品金额	退品数量	操作时间
[合计-0]									
1001a	201002240001	茶类	龙井	年	数量	2.00	22.40	0.80	2010-02-24 1
		酒水	52度剑南春	日	数量	5.00	1830.80	4.60	2010-02-24 1
		美味	港式芋丝炸...	日	金額	100.00	24.00	2.00	2010-02-24 1
		甜点	七味瑶柱丝...	年	金額	200.00	75.40	2.60	2010-02-24 1
		烟类	软红五叶神	月	數量	2.00	89.60	1.60	2010-02-24 1
		蒸点	翡翠豆苗玉...	月	金額	50.00	15.20	0.80	2010-02-24 1
	201002240002	茶类	米菊	年	數量	2.00	5.60	0.20	2010-02-24 1
		酒水	38度精品小...	日	數量	5.00	79.20	0.40	2010-02-24 1
		美味	港式芋丝炸...	日	金額	100.00	72.00	6.00	2010-02-24 1
		甜点	哈密瓜鲜奶酪	年	金額	200.00	60.00	2.50	2010-02-24 1
		烟类	硬盒中华	月	數量	2.00	15.60	0.20	2010-02-24 1
		蒸点	虫草花鸡汤...	月	金額	50.00	12.00	0.50	2010-02-24 1
	201002250001	烟类	软盒中华	月	數量	2.00	9.80	0.10	2010-02-24 1
		蒸点	古法绵香马...	月	金額	50.00	19.20	1.20	2010-02-24 1
[合计-14]							2330.5	23.5	

二十七、退品规则历史报表

参数设置中“退品控制形式”变更前所有的退品记录。可依据控制形式查询不同时段的退品明细。

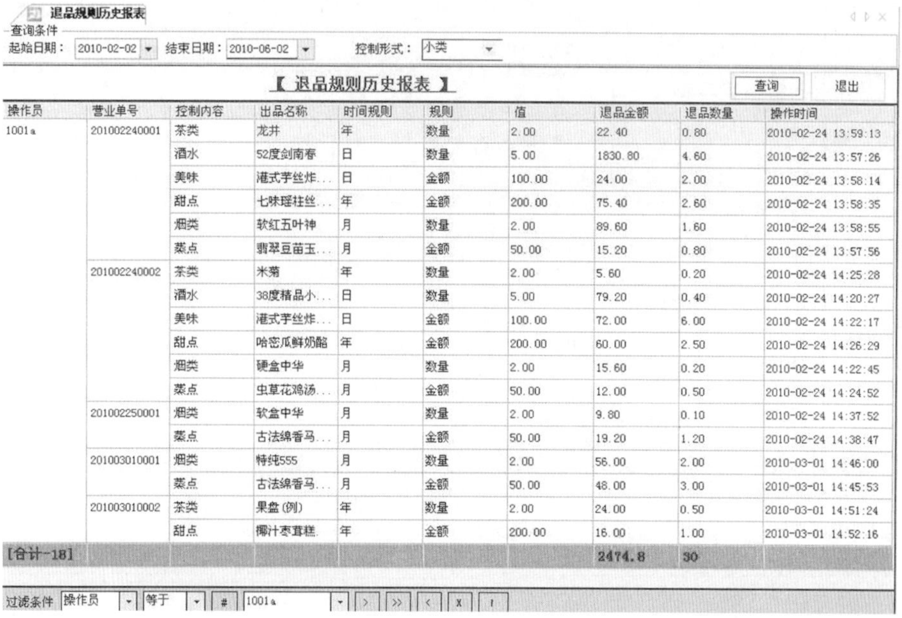

操作员	营业单号	控制内容	出品名称	时间规则	规则	值	退品金额	退品数量	操作时间
1001a	201002240001	茶类	龙井	年	数量	2.00	22.40	0.80	2010-02-24 13:59:13
		酒水	52度剑南春	日	数量	5.00	1830.80	4.60	2010-02-24 13:57:26
		美味	灌式芋丝炸...	日	金额	100.00	24.00	2.00	2010-02-24 13:58:14
		甜点	七味瑶柱丝...	年	金额	200.00	75.40	2.60	2010-02-24 13:58:35
		烟类	软红五叶神	月	数量	2.00	89.60	1.60	2010-02-24 13:58:55
		蒸点	翡翠豆苗玉...	月	金额	50.00	15.20	0.80	2010-02-24 13:57:56
	201002240002	茶类	米菊	年	数量	2.00	5.60	0.20	2010-02-24 14:25:28
		酒水	38度精品小...	日	数量	5.00	79.20	0.40	2010-02-24 14:20:27
		美味	灌式芋丝炸...	日	金额	100.00	72.00	6.00	2010-02-24 14:22:17
		甜点	哈密瓜鲜奶酪	年	金额	200.00	60.00	2.50	2010-02-24 14:26:29
		烟类	硬盒中华	月	数量	2.00	15.60	0.20	2010-02-24 14:22:45
		蒸点	虫草花鸡汤...	月	金额	50.00	12.00	0.50	2010-02-24 14:24:52
	201002250001	烟类	软盒中华	月	数量	2.00	9.80	0.10	2010-02-24 14:37:52
		蒸点	古法绵香马...	月	金额	50.00	19.20	1.20	2010-02-24 14:38:47
	201003010001	烟类	特纯555	月	数量	2.00	56.00	2.00	2010-03-01 14:46:00
		蒸点	古法绵香马...	月	金额	50.00	48.00	3.00	2010-03-01 14:45:53
	201003010002	茶类	果盘(例)	年	数量	2.00	24.00	0.50	2010-03-01 14:51:24
		甜点	椰汁枣茸糕.	年	金额	200.00	16.00	1.00	2010-03-01 14:52:16
[合计-18]							2474.8	30	

二十八、操作记录报表

记录操作记录情况。

日期	操作员	客户端	功能说明		
2010-03-17 11:41:54...	admin	zlx	參數設置	保存	
2010-03-17 11:38:39...	admin	zlx	参数设置	保存	
2010-03-17 11:22:52...	admin	zlx	操作员管理	1001a__加单	Checked
2010-03-17 11:22:51...	admin	zlx	操作员管理	1001a__开台	Checked
2010-03-17 11:21:45...	admin	zlx	操作员管理	1001a__加单	Unchecked
2010-03-17 11:21:42...	admin	zlx	操作员管理	1001a__开台	Unchecked
2010-03-17 11:21:38...	admin	zlx	操作员管理	Set__1001a__食为天餐饮软件 --...	
2010-03-17 11:21:02...	admin	zlx	操作员管理	Clear__1001a__食为天餐饮软件 ...	
2010-03-17 10:55:06...	admin	zlx	本机参数设置	确定	
2010-03-16 15:28:37...	admin	zlx	出品管理	保存&S	和苑一品虾饺皇
2010-03-16 15:28:03...	admin	zlx	出品管理	修改&E	和苑一品虾饺皇
2010-03-16 15:27:38...	admin	zlx	出品管理	保存&S	和苑一品虾饺皇
2010-03-16 15:26:52...	admin	zlx	出品管理	修改&E	和苑一品虾饺皇
2010-03-16 15:11:02...	admin	zlx	本机参数设置	确定	
2010-03-16 15:04:00...	admin	zlx	本机参数设置	确定	
2010-03-16 14:55:57...	admin	zlx	本机参数设置	确定	
2010-03-16 14:29:47...	admin	zlx	本机参数设置	确定	
2010-03-15 17:56:13...	admin	zlx	操作记录报表	清空	删除所有
[合计-20]					

单元实训 收银服务

情景描述

本情景中，学生扮演餐厅服务人员及收银员，以编号“A01”进行登录。

1. 客人到店，咨客引座到二楼大厅开了两张台，主台220、辅台221，每台5人，台卡号018。

2. 客人首次点菜4个：桂花鱼、竹节虾、一品脆皮鸡、梅菜扣肉，还有可口可乐5瓶，桂花鱼给客人优惠，改价20元。

3. 点菜后221台客人又加点了一瓶茅台30年。

4. 饭店赠送客人人头饭。

5. 地哩上菜。

6. 进餐结束，客人要求结算，给客人全单打九折。客人付款500元，多余的钱当小费。

7. 付款后客人离店。

实训要求

1. 快速登录食为天餐饮系统。
2. 快速准确地开台及录入菜品。
3. 快速准确地加菜。
4. 快速准确地上菜。

综合评价

评价项目	评价标准	个人评价	相互评价	教师评价
操作方法	启动食为天餐饮系统			
	正确运用各种功能键			
操作过程	菜品录入操作准确			
	赠送菜品操作准确			
	全单折扣操作准确			
	组合结账操作准确			
操作速度	完成操作的工作效率			
个人感悟				

A. 优　B. 良　C. 一般　D. 有待进步

第三单元 预订及系统管理

●学习目标

1. 能够利用食为天餐饮系统完成餐厅预订工作；
2. 能够利用食为天餐饮系统完成系统管理工作。

学习任务一 预订

任务引入

6 月 1 日，酒店餐厅接到陈女士的预订电话，陈女士要订一个 10 人左右的包房，晚上 6 点左右到达餐厅。中午，陈女士又来电话，由于临时有事，晚上不能到餐厅就餐，取消了原来的预订，并对酒店表示了歉意。

任务分析

1. 6 月 1 日上午，陈女士预订一个包房，晚上 6 点左右到达。
2. 中午陈女士取消了预订。

知识链接

1. 预订管理提供订台、订席、排菜及查询预订情况的功能

订台是预订台位，订席、排菜包括预订台位和预订出品。酒店可根据客人订席、排菜所点的出品，生成厨部备料单，并可打印出预订单，作为原料采购的依据；客人到店进餐时可将预订单的出品直接转入加菜单。预订单据界面列出订单记录，可按过滤条件或日期限制查询满足条件的记录。

2. 预订管理规则

营业日期大于电脑的系统时间时，前台取“订单时间/日期 = 电脑系统时间”的订单；

营业日期等于或小于电脑的系统时间时，前台取“订单时间/日期 = 营业日期”的订单。各查询界面均遵循此规则。

3. 预订服务流程

（1）问候客人。

（2）了解需求。

（3）接受预订。

（4）预订通知。

（5）预订记录。

4. 预订内容

（1）客人预订的用餐日期及时间、人数。

（2）预订客人姓名、联系电话等信息。

（3）客人的特殊要求。

5. 预订要点

（1）预订是对订餐客人的一种承诺，因此在约定的时间必须为客人保留餐位。

（2）在餐厅实际接待服务中，常常出现客人预订后未按约定时间到达、预订后不来就餐和客人用餐时间超出预订的时间而影响其他客人不能按时就餐现象。因此，在为客人预订餐位时，应强调时间的重要性，主动告诉客人为其保留座位的时间期限。

完成任务

1. 预订导航

预订导航界面，可以查看某个日期的预订情况。点位、排菜、落订、预录、取消、空台等状态根据颜色设置的不同都有直观显示。

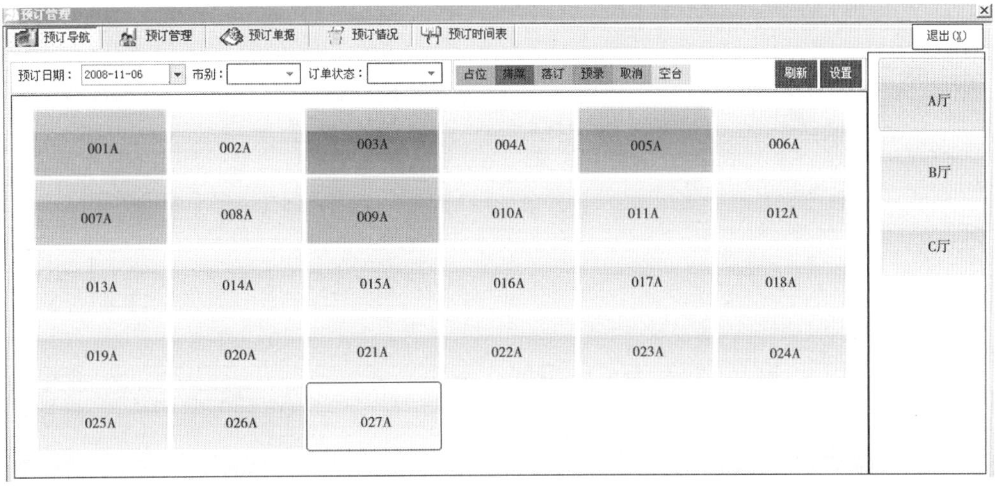

预订界面设置：点击“预订导航\设置”，打开预订界面设置可对预订界面厅楼以及台位的颜色根据个人喜好进行设置。

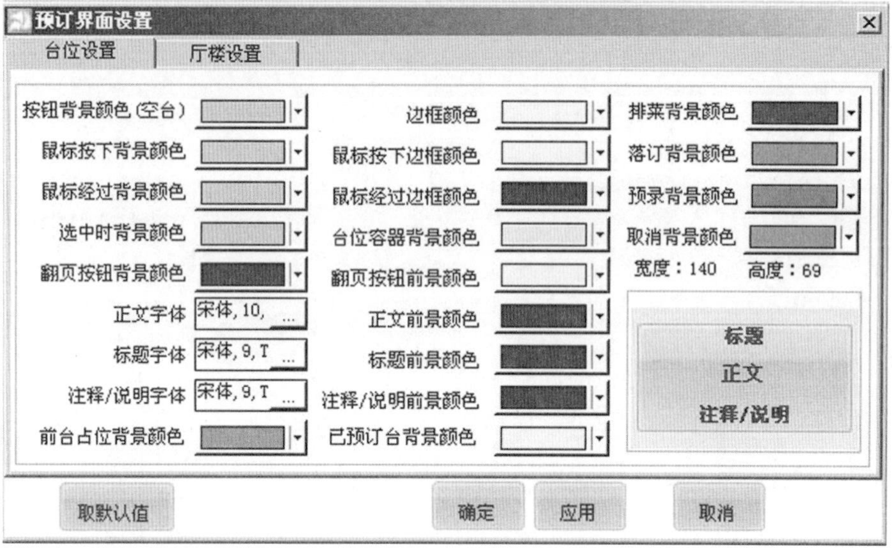

2. 预订管理

预订管理的预订维护界面，主要完成预定新单增加、修改、删除，以及完成来电显示、来电预订等。保存所有预订单据时，可发送预订短信到顾客手机上。

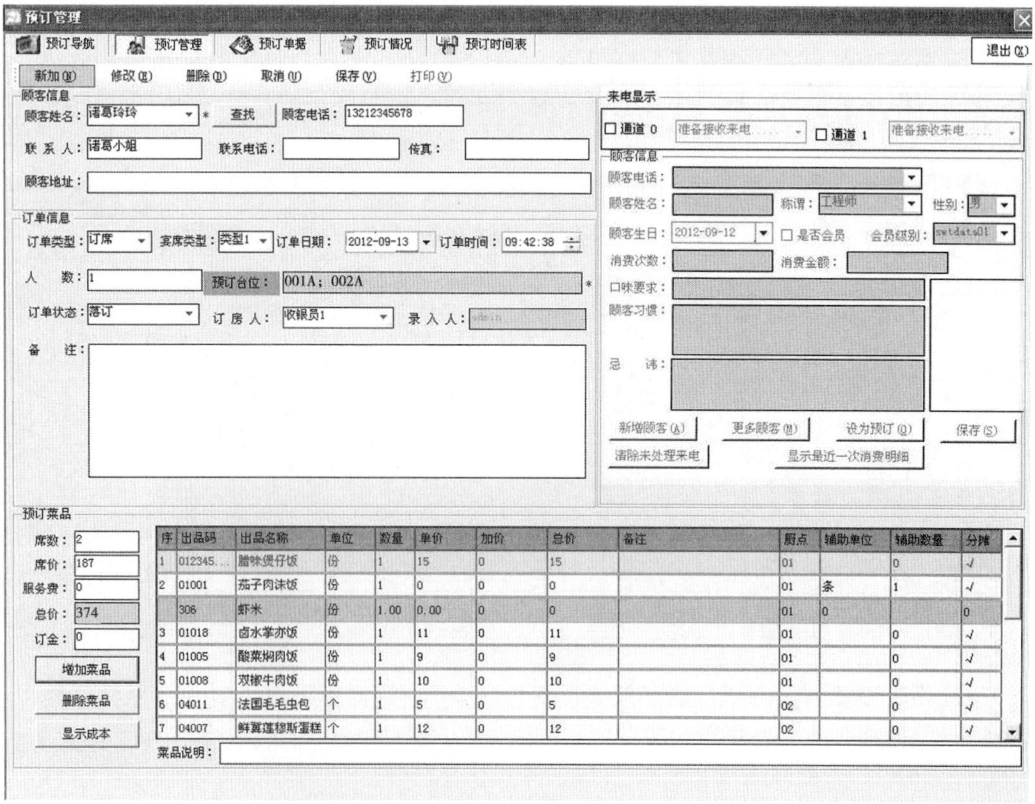

（1）新加订单：点击“新加”按钮，在“预订管理”（预订维护）中录入订台、订席、宴席类型及排菜信息。

订台：客户仅需要订台时，在“订单类型”框中选择“订台”，此订单为订台单。

订单信息录入包括顾客姓名、顾客电话、顾客地址、订单日期、订单时间、顾客人数、预订台位等信息。

择台位点击“预订台位”按钮，打开“预订台位选择”窗口。

预订状态显示所订日期及市别的预订情况，其中粉红色表示当前订单的台房选择。双击“台房记录”，记录变为粉红色，表明选择此台房；双击已为粉红色的记录，此记录变为白色，表明取消选择。选定台房后，点击“选取”，确认退出，或者直接在预订导航选择台位转入预订管理界面，预订台位显示所选台位。

订台单录入无误，在“订单状态”中选择“落订”，表明此单已确定。

点击“保存”，保存订单退出。

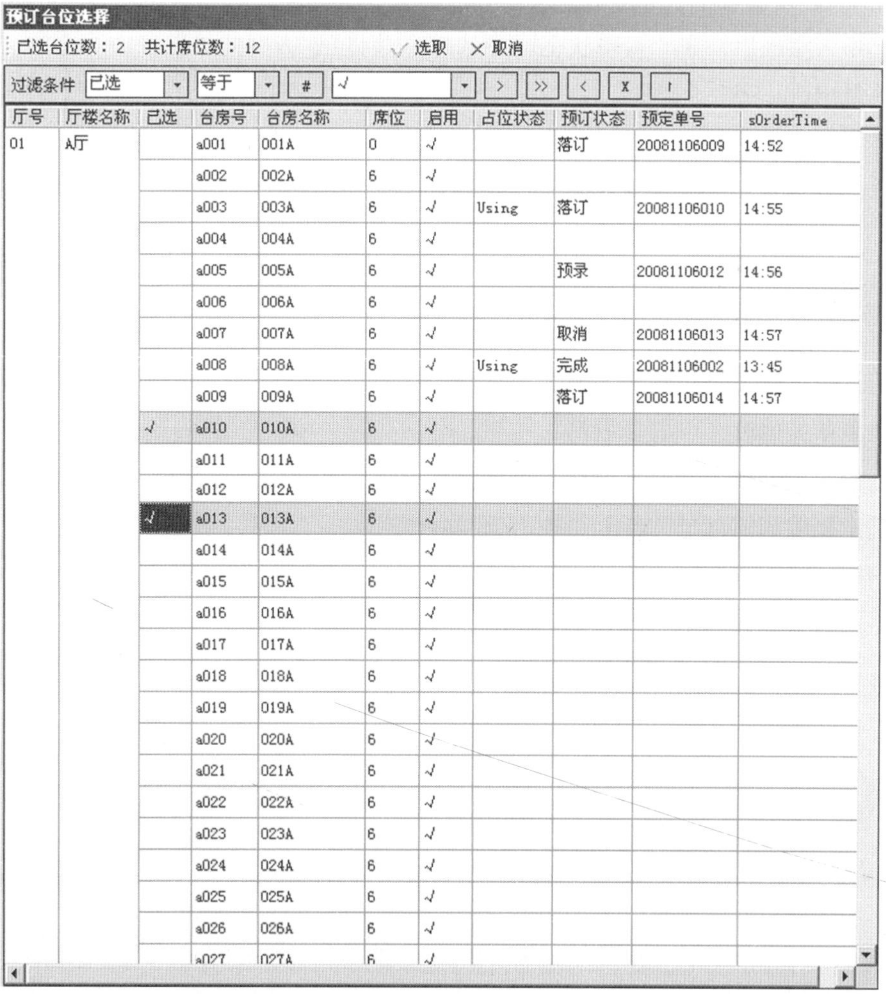

厅号	厅楼名称	已选	台房号	台房名称	席位	启用	占位状态	预订状态	预定单号	sOrderTime
01	A厅		a001	001A	0	√		落订	20081106009	14:52
			a002	002A	6	√				
			a003	003A	6	√	Using	落订	20081106010	14:55
			a004	004A	6	√				
			a005	005A	6	√		预录	20081106012	14:56
			a006	006A	6	√				
			a007	007A	6	√		取消	20081106013	14:57
			a008	008A	6	√	Using	完成	20081106002	13:45
			a009	009A	6	√		落订	20081106014	14:57
		√	a010	010A	6	√				
			a011	011A	6	√				
			a012	012A	6	√				
		√	a013	013A	6	√				
			a014	014A	6	√				
			a015	015A	6	√				
			a016	016A	6	√				
			a017	017A	6	√				
			a018	018A	6	√				
			a019	019A	6	√				
			a020	020A	6	√				
			a021	021A	6	√				
			a022	022A	6	√				
			a023	023A	6	√				
			a024	024A	6	√				
			a025	025A	6	√				
			a026	026A	6	√				
			a027	027A	6	√				

订席：当客人需要订台及预订出品时，在“订单类型”中选择“订席”及“宴席”类型席单。

订单信息录入同“订台”。选择台房，同“订台”。

录入出品点击“增加出品”，进入点菜界面，同前台点菜一样选择出品。下单后可在“预订菜品”那里选择出品双击修改数量的价格。系统计算出所订出品的合计价格，即席价。

注：当客人给定席价再点出品时，需要把差额分配到各个出品单价中，席价的分摊按照以下算法进行：

出品金额 = 原出品金额 ×（总席价 – 不参与价格分配的出品金额总和）/（原出品金额之和 – 不参与价格分配的出品金额总和）

单价 =（总价 – 加价）× 数量

录入席的数量，计算订单的总价，根据单价录入客人应付的订金。宴席类型资料可通过“基本资料/备用选项”里设置。

席单录入完成后，在“订单状态”中选择“落订”，表明此单已确定。点击“保存”，保存订单退出。

排菜：当客人需要订台及预定出品时，在“订单类型”中选择“排菜”排菜单。

订单信息录入、选择台房、录入出品等同订席。排菜订单未完成时一直起效，不限日期使用。

（2）修改订单：选择需要修改的订单，点击“修改”按钮，对各项数据进行修改。

订单的客人已如约进餐后，点击“订单状态”，将“订单状态”改为“完成”；客人要求取消订单，将“订单状态”改为“取消”。修改完成后，点击“保存”按钮保存修改操作；取消所做修改，点击“取消”按钮。

（3）删除订单：订单录入错误，可删除此订单。选定需要删除的订单，点击“删除”按钮。确定删除当前订单，点击“是”，删除订单。

3. 预订单据

点击“预订管理”，打开“预订单据”界面。

页面中列出所有预订记录，包括已“完成”或“取消”的记录。选择一个预订单，双击，转入预订管理界面，可对已有预订单修改及删除。

4. 预订情况

预订情况界面：用于统计某个时间内预订的台位状态、预主状态、预订单号、预订时间等信息。选择一个台位双击转入到预订管理（预订维护）界面，可对该台位新加、修改、删除预订单。

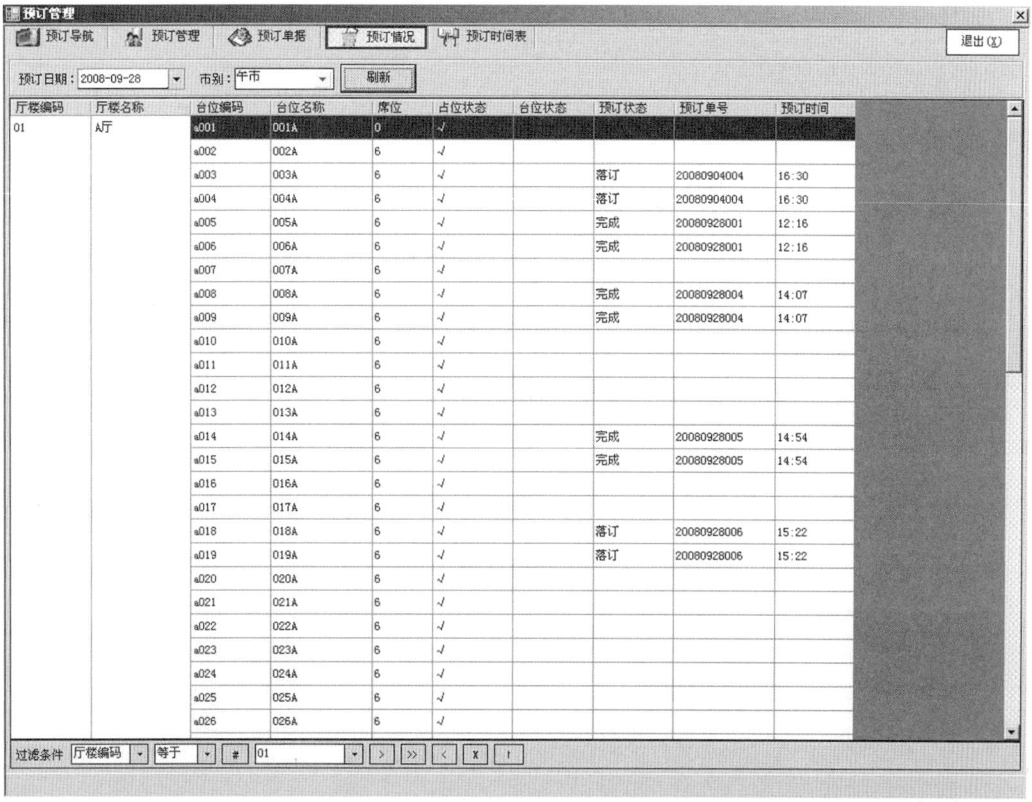

5. 预订时间表

（1）预订时间表界面：用于统计一个时间某个台位的占位状态、市别、订房人等信息。

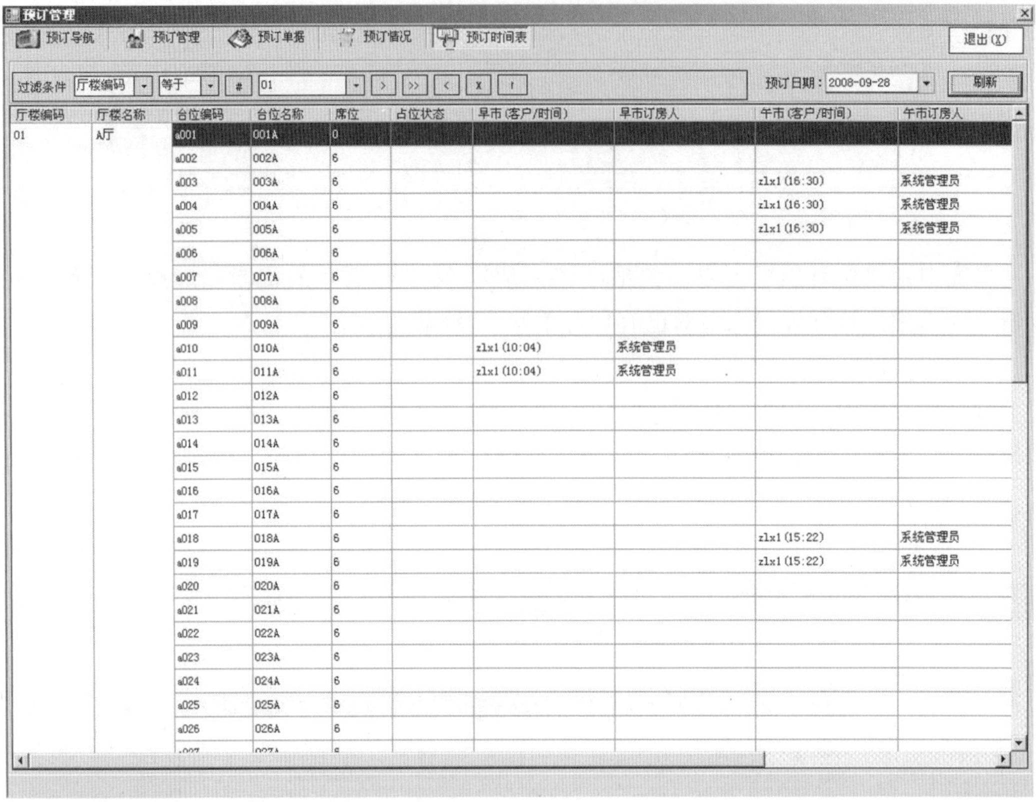

（2）预订明细：统计预订明细情况，查询每个楼层的每个台房的预订明细。用于查询某一日期某一市别的宴席预订情况，包括楼层、房名、订单状态、顾客名称、人数、消费金额、订房人。

点击“预订管理”，打开预订明细报表，如下图所示。

楼层	房名	订单状态	顾客名称	新/旧	人数	消费金额	订房人
A厅	001A				0	0.00	
A厅	002A				0	0.00	
A厅	003A				0	0.00	
A厅	004A				0	0.00	
A厅	005A				0	0.00	
A厅	006A				0	0.00	
A厅	007A	预录	zlx1		1	25.00	002
A厅	008A	完成	zlx1		1	22.00	002
A厅	009A				0	0.00	
A厅	010A	完成	zlx1		20	105.00	002
A厅	011A	完成	zlx1		20	105.00	002
A厅	012A	完成	zlx1		20	105.00	002
A厅	013A				0	0.00	
A厅	014A				0	0.00	
A厅	015A				0	0.00	
A厅	016A	落订	zlx1		1	27.00	002
A厅	017A				0	0.00	
A厅	018A				0	0.00	
A厅	019A				0	0.00	
A厅	020A				0	0.00	

（3）预订情况汇总：统计预订情况，用于查询时间段内的预订情况。可以查询一个时间段的所有预订情况，包括订台、订席、排菜。可以按时间段、市别、订单状态多种条件查询预订情况。

点击“预订管理”，打开“预订情况汇总”报表。

（4）预订宴席统计：统计一个时间段的所有预订宴席情况，用于查询预订的宴席情况。可按时间段、市别、订单状态查询预订的宴席情况统计宴席的总金额。

点击“预订管理”，打开“预订宴席统计表”。

学习任务二　系统管理

任务引入

酒店新开业的餐厅引进了食为天餐饮系统进行经营管理，餐厅经理首先要根据餐厅的实际运营情况完成厅房、出品类别、出品等内容的初始设置。

完成任务

一、部门管理

1. 概述

用于对部门信息进行设置。

2. 功能描述

增、删、改部门记录。部门一般指酒店的行政部门，其中出品部门应以核算需求设定，出品部门下设厨点。

3. 操作

点击“基本资料＼部门管理”，在“部门管理”中对部门的基本信息进行增加、删除、修改操作。

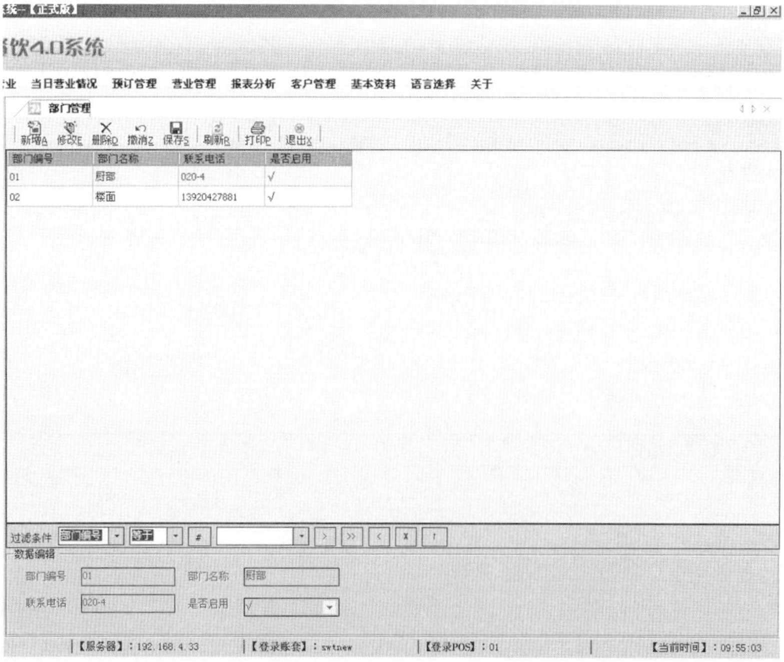

增加部门：点击“新增”按钮，在“数据编辑”中增录酒店的部门记录，录入部门编号、部门名称、联系电话、是否启用。点击“保存”保存当前记录。

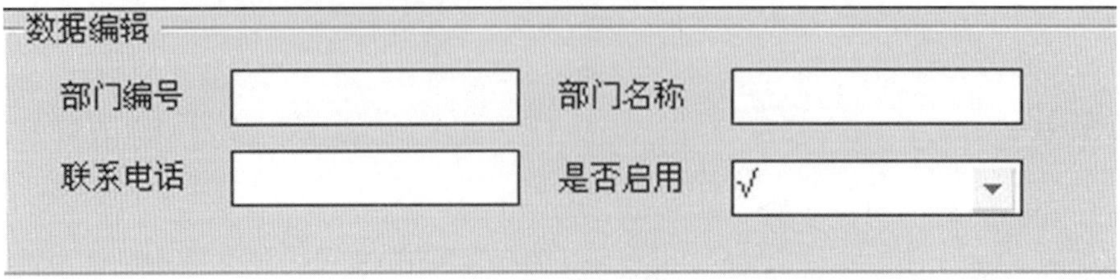

修改部门：点击“修改”按钮，可编辑部门名称、电话及可否启用，不可更改部门编码。点击“保存”保存修改数据。

删除部门：当部门记录已用于定义其他基本资料，不可删除部门记录，以免影响系统的运行及报表的正确性。

只可删除从未使用过的部门记录。

点击“删除”，“确认删除操作”后，将不再需要的部门删除。

二、厨师信息

1. 概述

用于对酒店厨师信息进行管理。

2. 功能描述

添加、修改、删除酒店厨师的基本信息。

3. 操作

点击“基本资料 \ 厨师管理”，打开窗口。界面中列出已录入的厨师记录。

增加厨师记录：点击“新增”按钮，在“数据编辑”中录入厨师的各项信息。厨师信息包括厨师编号、厨师姓名、所属部门及员工姓名。点击“保存”保存增加的记录。

修改厨师记录：点击“修改”按钮，在“数据编辑”中对各数据项进行修改，“厨师编号”不可修改。点击“确认”保存修改后的数据。

删除厨师信息：厨师信息确定不再需要时，可删除此记录。点击“删除”，并确认删除操作。

三、市别定义

1. 概述

用于定义酒店的营业市别。市别定义包括市别编码、市别名称、开始时间及结束时间。

2. 功能描述

不同的市别可定义不同的消费方式，如服务费的收取方式、最低消费的设定方式。

点菜单按开单时间确定所属市别，开单时间指在某市别开始时间之后（含开始时间）、结束时间之前，点菜单就属于这一市别。

3. 操作

点击“基本资料\ 市别定义”，在界面中新增、修改、删除市别。

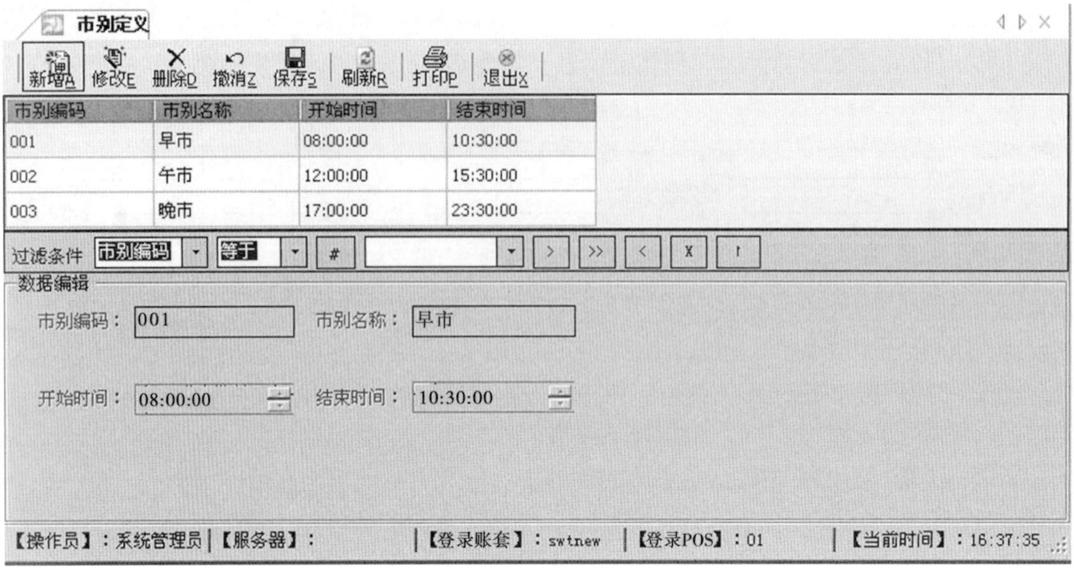

新增市别：点击“新增”，在“数据编辑”中录入市别编码、市别名称、开始时间以及结束时间。点击“保存”保存新增市别记录。

修改市别记录：选择市别记录，点击“修改”，可更改市别名称，调整开始时间及结束时间。

删除市别记录：选择市别记录，点击“删除”，并确认删除操作后，删除当前记录。

请不要删除已使用的市别记录，否则会影响系统的正确运行。

四、厅房定义

1. 概述

根据酒店实际台位及包房情况定义厅台信息，方便前台营业对应台位操作及厨房单据打印等。

2. 功能描述

系统按厅房设定起用价型、舍入方式、服务费及最低消费启用停止、厅房是否手工排座等，厅房中所有台位遵循厅房的设定。

3. 操作

（1）厅房定义界面：点击“基本资料\ 厅房定义”，打开厅房定义界面。

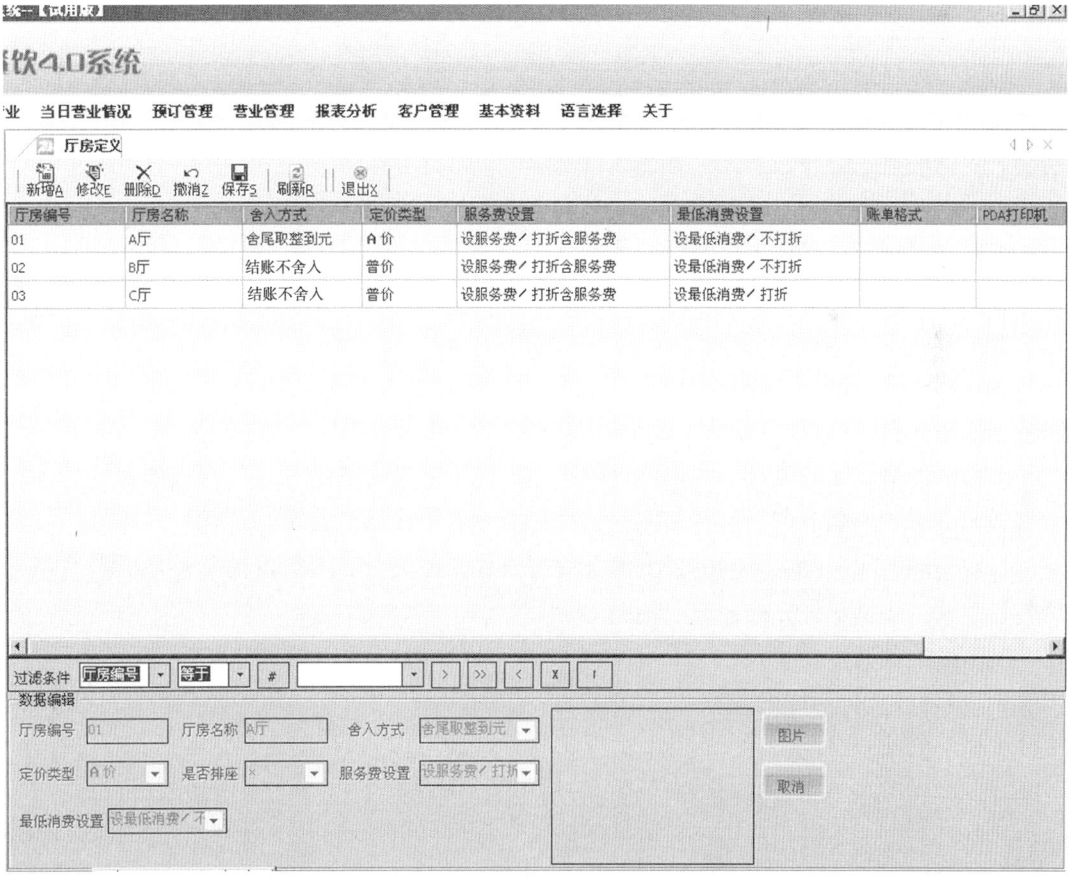

（2）厅房维护：在图界面查询厅房信息，增加、修改、删除厅房记录。

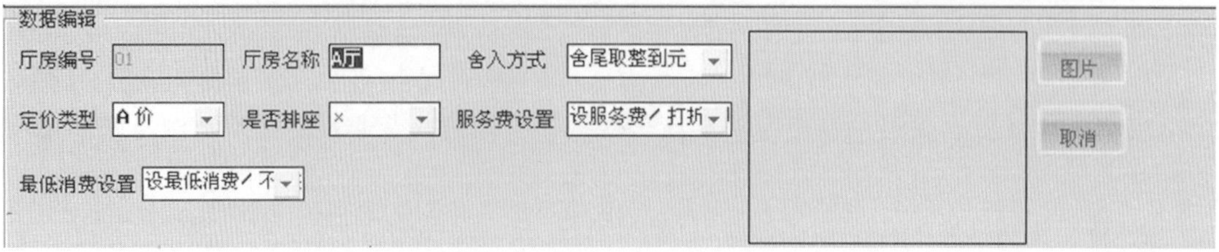

①厅房定义项：厅房编号、厅房名称、定价类型、是否排座、舍入方式、服务费设置、最低消费设置、厅房背景图片选择等。

★定价类型：系统提供出品三种价格类型，分别是普价、A 价、B 价。对任一出品可定义为这三个价格。在不同的厅房可定义不同的价格类型。

★舍入方式：结单金额尾数的舍入方式。系统提供以下四类舍入方式：

- 结账不舍入
- 四舍五入到（角、元、五元、十元）
- 舍尾取整到（角、元、五元、十元）
- 进位取整到（角、元、五元、十元）

★服务费设定：设定是否收取服务费及服务费是否可以打折。用户设定不同的厅房，使用不同的服条费方式。系统提供三种方式：

- 不设服务费
- 设服务费/打折不含服务费
- 设服务费/打折含服务费

★最低消费设定：客人结账单的付款额不得低于某设定的金额，当客人消费未达到此消费额时，必须按此消费额付额结账，这种消费方式为最低消费。

可对不同的厅房设定不同的最低消费启用方式，即是否启用最低消费及最低消费额可否打折。系统提供三种方式：

- 不设最低消费
- 设最低消费/不打折
- 设最低消费/打折

注：存在服务费和最低消费时的打折功能：营业场所中设置了最低消费/打折时，前台操作消费金额大于等于或小于最低消费的不同状况。

消费总价大于最低消费：

打折后，折后金额 > 最低消费则应收金额取折后金额。

打折后，折后金额 < 最低消费则应收金额取最低消费。

消费总价小于最低消费：

锁单时消费总价小于最低消费则应收金额取最低消费。

如果原消费总价大于最低消费，操作折扣、退、赠、废、免等后消费总价小于最低消费时取实际金额。

★是否排座：酒店按照实际布局自定义厅房布局及台位形状。选中排座则双击“营业管理－厅房排座”可选出排位。

②增加厅房点击“增加”，打开“数据编辑”。录入厅房编号、厅房名称，选择定价类型、舍入方式、服务费设置、最低消费设置等。点击“保存”，保存当前新增记录。

③修改厅房信息：在厅房列表中选择厅房记录，点击“修改”，用户可修改厅房名称，更改定价类型、舍入方式、最低消费及服务费设定等项。

不可更改厅房编码。点击“保存”，保存当前修改。

④删除厅房记录：系统不允许删除已有归属台位的厅房。

请不要随意删除已使用过的厅房，以免影响历史报表数据的准确性。

五、台位定义

1. 概述

用于设定酒店的台位信息。

2. 功能描述

台位归属于厅房。可自定义台位大小形状、背景、台位信息、台单打印机等。

3. 操作

（1）台位定义界面：点击“基本资料\ 台位定义”，打开台位定义界面。

左区域显示为厅房定义树型结构，表示厅房、台位的归属关系。树型结构的第一级为厅房，厅房前标有“ + ”，表示此厅房已定义位；无标注表示此厅房未定义台位。点击厅房前的“ + ”，“ + ”变为“ - ”，展开此厅房，列出所属的台位记录。

右区域为台位列表。点击树型结构中的厅房，列表中列出所属的台位记录。

（2）台位维护：点击“台位定义”，在“数据明细”中完成查询台位信息，新增、删除台位记录，修改台位定义等操作。

新增台位：点击“新增”，在“数据明细”中录入台位编号、台位名称、所属厅房、安置座位、台位形状、台位方向、是否启用等。录入所属厅房可直接在下拉框中录入编号，也可在下拉列表中选择厅房名称。

点击“保存”，保存当前新增记录。

修改台位信息：在“所有类别”或台位列表中选择台位记录，点击“修改”，修改台位定义，但不可修改台位编码。

删除台位：在“所有类别”或台位列表中选择台位记录，点击“删除”，并确认删除操作。已使用的台位最好不要删除，以免影响历史报表的正确性。

六、出品大类

1. 概述

用于定义出品的大类。

2. 功能描述

出品即酒店直接销售的商品或菜品。将出品分类归属于各出品类别，出品类别分两级，第一级为大类，下设第二级小类。

3. 操作

（1）界面信息：点击“基本资料\ 出品大类”，打开“出品大类”功能界面。

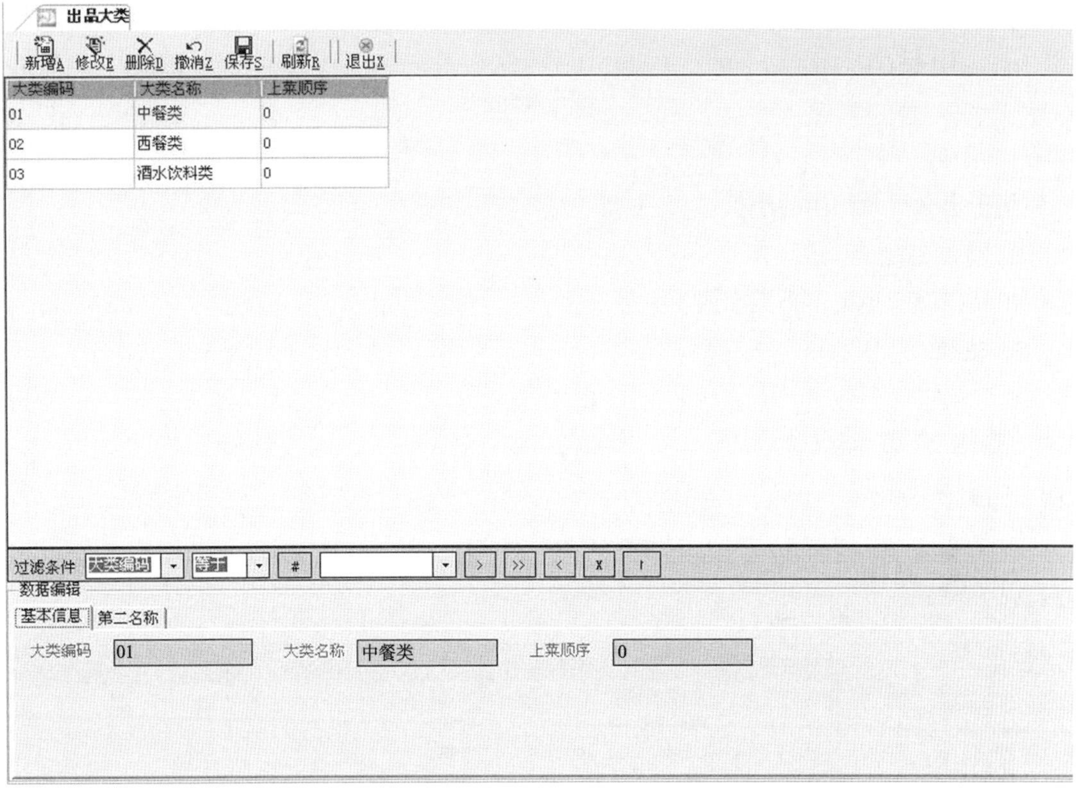

（2）大类维护：大类维护功能用于新增大类，修改、删除已有大类。

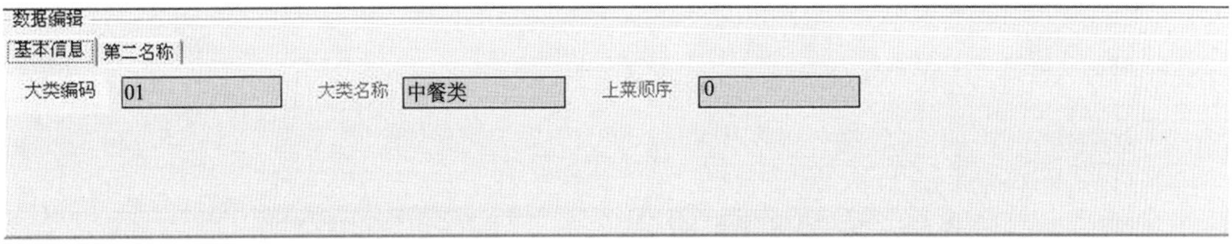

增设大类：点击“新增”按钮，在界面中录入大类编码、大类名称及上菜顺序，点击“保存”，保存新增大类。

修改大类：点击“修改”按钮，允许修改大类名称、上菜顺序，不可修改编码。

删除大类：在大类列表中选定满足条件的大类，点击“删除”，并确定删除操作。已有小类归属的大类不可删除，如确需删除，必须大类中不包含任何小类。

一般情况下，为保证历史报表的正确性，请不要随意删除大类。

七、出品小类

1. 概述

用于定义出品归属的小类。

2. 功能描述

出品归属于小类，小类归属于大类。

3. 操作

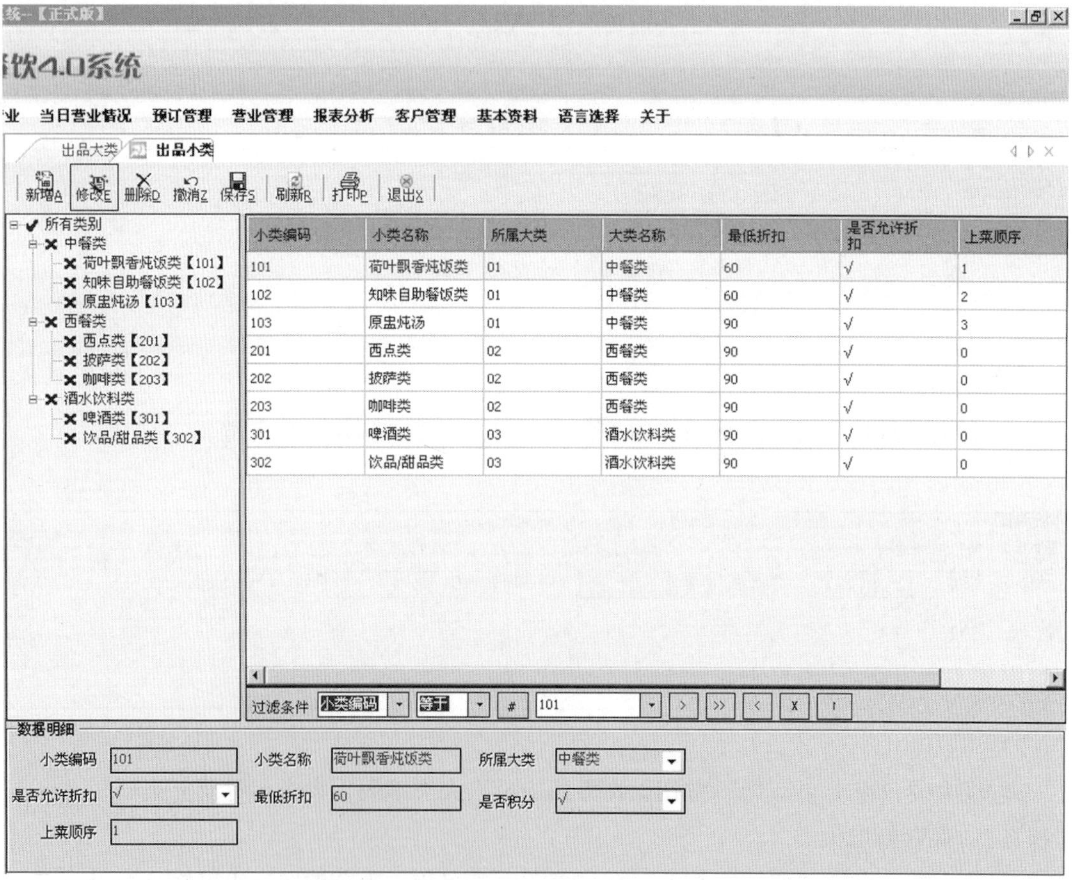

（1）界面信息：点击“基本资料\出品小类”，打开“出品小类”功能界面。

如上图所示中的界面左区域是一个分类的树型结构，显示出品大类小类的设置情况，以及大类、小类的归属关系。分类树的第一级为大类，大类前标有“+”，表明此大类下存在小类；大类前标有“-”，表明此大类已展开，显示所属的小类记录。

点击大类前的“+”，展开归属当前大类的小类记录；点击大类前的“-”，关闭大类。点击小类记录，右区域显示当前小类所包括的出品记录。

界面右区域是小类记录列表，显示所有或满足某条件的查询结果记录，用于选择及查询。

（2）小类维护：在上图窗口中进行小类的新增、修改、删除操作。

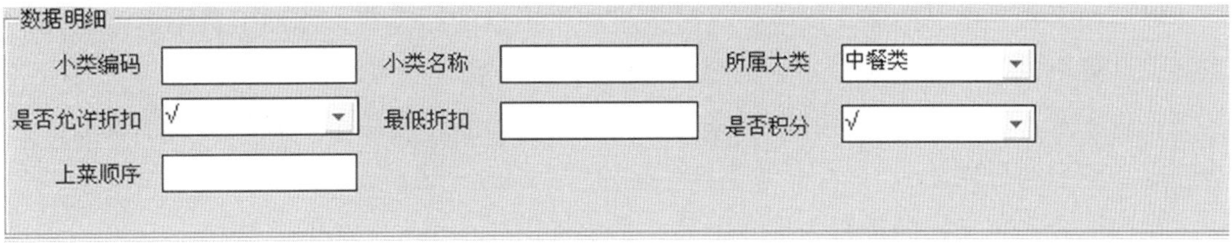

新增小类：点击“新增”按钮，在“数据明细”中录入小类编码、小类名称，选择所归属的大类、是否允许折扣、最低折扣、是否积分、上菜顺序。

点击“保存”，保存新增记录。

修改小类信息：在“所有类别”或“小类列表”中选择需要修改的小类记录，点击“修改”，在“修改小类”中修改小类名称，调整归属大类，不允许修改小类编码。

删除小类：在“所有类别”或“小类列表”中选择需删除的小类，点击“删除”，并确认删除操作。

已有出品的小类不允许删除。

一般情况下，已使用的小类最好不要删除，以免影响历史报表的数据正确性。

八、出品管理

1．概述

用于定义出品的所有相关信息及各种设置。

2．功能描述

出品即可直接销售的商品或菜品，归属于出品小类。出品定义包括以下属性：

出品编码：出品的代码，唯一确定某出品。

出品名称：出品的名字。

英文名称：出品的英文名字（第二语言增加后此功能作废）。

出品单位：计量单位。

出品性质：出品性质主要是设置出品是否属于菜品、点心、服务、酒水等。

单价、A 价、B 价：系统为每一出品提供三种价格，针对厅房营业区域设定出品启用哪一种价格。

是否启用：设置出品当前是否可以使用。未启用的出品，选择出品时不可见。

出品小类：出品所属的小类名称。同一小类中的所有出品，必须完全由独立的厨点制作，即不允许同一小类中某出品由 A 厨点制作，而另一出品由 B 厨点制作。

出品成本：预估成本，用于估算出品的毛利。

加工厨点：部分出品需由制作厨点及加工厨点两厨点共同加工，制作厨点由出品所属类别决定，加工厨点在此录入。制作厨点需拨一定的厨点加工费给加工厨点。

厨点加工费：出品的制作厨点核算时拨给加工厨点的加工费，此加工费不影响出品的金额。点菜单一条出品记录（不管数量为何值），加工费 = 厨点加工费 ×1

收服务费：设置出品是否收取服务费。未启用的出品，出品不计服务费。不收取服务费的出品不参与分摊。

是否推介：定义出品是否为推介出品，系统提供展示推介出品的图片。

允许折扣：定义出品是否允许打折。如果出品不允许打折，按“比例折”、“单品比例折”及“类别比例折”打折时，出品不计折。

折扣限制：定义出品允许打折时，规定出品在一定限制内可以打折。

是否时价：定义出品是否为时价出品，即价格随时间频繁变化。系统提供在“营业管理 \ 时价出品”中随时修改时价出品的价格。

允许改价：定义出品是否允许在前台（加单或跟单功能）修改价格。

启用会员价：出品启用会员价，会员付款时，按会员价计算该出品的价格。

数量确认、价格确认：若启用，点出品时会弹出数量、价格确认框。

是否分单：设置出品下单或是不下单。

指定打印机：出品下单，出品单发送到制作厨点指定的打印机，而某些特殊出品不下单到制作厨点，下单到指定的打印机。

分单打印机的设置为特殊出品而设置，请不要将正常发送到制作厨点的出品做此项设置，一旦制作厨点的打印机变更，所属出品就必须全部重设。

提成标准：有出品提成和部门提成两种。

出品提成：设定服务员业绩核算金额。出品提成为空或为“0”，表示当前出品不参与业绩核算。业绩核算金额 = 销售数量 × 出品提成。系统提供两种方式确定出品的推销服务人员，即下单人和“加单 \ 服务”指定的责任人。用户任选一种方式。

部门提成：设定部门提成标准。每个出品对应的部门按照出品数量进行部门计奖。

例牌定义：设定出品是否属于大、中、小牌。启用后可生成 A 价、B 价的例牌，需要设置每种价格的递增比例。例版项设置可设置有关例牌的信息是否显示。

制作方法：可以对出品定义各种制作方法，并且定义对应的加价，一个出品可定义多种制作方法。在前台点菜时可以选择出品不同的制作方法，并在”报表分析 \ 营业情况 \ 做法销售统计报表“做统计。

出品简介：可对出品的由来、做法等做一些描述。

出品图片：可设置出品的图片，点菜时光标移到出品上，可看到该出品的样品。

第二名称：定义出品的第二名称。第二名称可分别定义，如繁体、英语、韩语、日语等。此处定义的第二名称可在开单界面直接看到出品的第二语言。本机设置中的“第二名称语言”参数，用来控制是否在开单界面显示出品的第二名称，而参数设置界面中的“第二语言”则是控制分单、账单、台单等的第二语言是否打印。

3. 操作

(1) 界面说明：点击“基本资料\出品管理”，在“出品管理”中完成查询出品记录、定义新出品、修改出品定义、删除已有出品的操作。

界面左区域是出品的“大类\小类”。结构中第一级列出所有出品类别，出品大类前标有“+”，表示出品大类已添加出品小类。点击“+”，展开当前出品大类的出品小类。点击“出品类别”，可查看属于当前出品类别的出品。

界面右区域是出品列表区域，显示所有出品记录或满足某条件的出品记录。

(2) 出品定义查询：在出品列表中选择出品记录后，即可在数据明细中查看出品各属性。

(3) 定义出品：在“数据明细”中定义出品各属性，进行增加、修改和删除出品记录等操作。

增加出品：点击“新增”，在“数据明细”中定义出品各属性。

属性除助记码、成本、A价、B价、加价、厨点加工费、备注、分单打印机、提成标准、是否有例牌出品、制作方法、出品简介、出品图片、分单策略外，其他项必须定义。

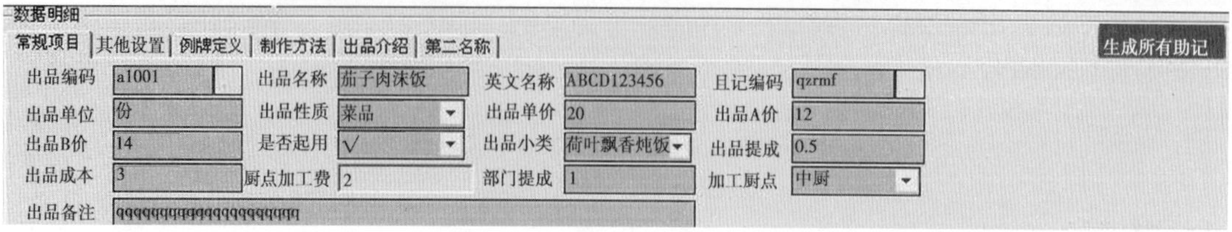

出品未定义A价或B价，当需要启用A价或B价时，系统会自动使用出品单价。

出品无加工厨点，即厨点加工费为“0”时，可选择任何厨点为加工厨点，出品只有一个制作厨点，最好选择制作厨点。

出品为例牌时，需要选择启用状态，并且生成每种价的例牌。

出品有制作方法时，点菜界面显示蓝色。在中左上方区域，勾选做法分类中的制作方法，点击“增加”，可定义固定数量、单位、做法加价、制作厨点、显示方式、显示顺序、是否可用。点菜时制作方法可修改数量。

如果菜品有其他的名称或其他语言名称，可根据需要在“第二名称”中增加。

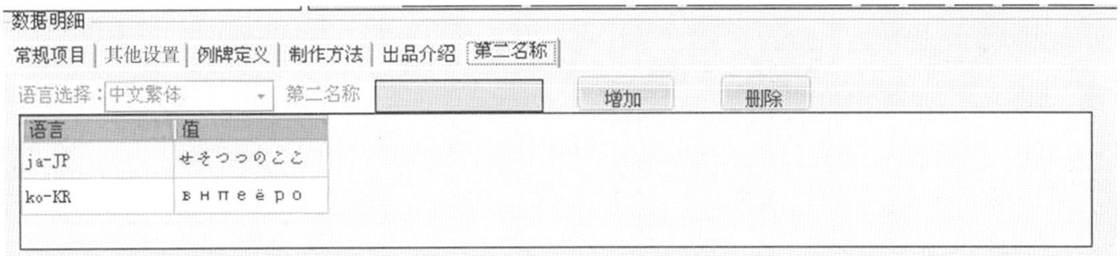

点击“保存”，保存新增记录。

修改出品记录：在出品列表中选定出品，点击“修改”，除出品编码外，用户可修改其他属性。

修改加工厨点及厨点加工费两项，会影响历史报表的正确性。修改制作方法、例牌也会影响历史报表的正确性。

点击“保存”，保存当前修改。

删除出品：在出品列表中选定需要删除的出品，点击“删除”，并确认删除操作。

已使用的出品，系统不允许删除。

单元实训　餐厅预订

情景描述

本情景中，学生扮演餐厅服务人员，以编号“A01”进行登录。

1. 顾客陈先生通过电话来预订两台宴席（日期 1 月 13 日），并已点宴席菜单（传统叉烧油鸡、台湾卤肉、意大利披萨、麻辣牛展、木耳蒸鸡），付订金 200 元。

2. 服务人员已根据预订单为陈先生留位，陈先生到店后在楼面导航界面找到相应台位进行宴席开单。

3. 因为之前的预订单已录入菜品，开单后用“订席下单”自动点菜。

实训要求

1. 快速登录食为天餐饮系统。
2. 快速准确地为客人预订台位并预点菜单。
3. 快速准确地为客人开台并“订席下单”。

综合评价

评价项目	评价标准	个人评价	相互评价	教师评价
操作方法	启动食为天餐饮系统			
	正确运用各种功能键			
操作过程	预订台位操作准确			
	预订点菜操作准确			
	开台操作准确			
	开台点菜操作准确			
操作速度	完成操作的工作效率			
个人感悟				

A. 优　B. 良　C. 一般　D. 有待进步